現代中国の ICT 多国籍企業

夏目啓二

陸　云江

［著］

文眞堂

序言

　21 世紀に入り，先進国の経済成長が停滞する一方で，BRICs をはじめ新興諸国の経済成長と企業の発展が著しい。2008 年のリーマンショックに端を発した世界経済危機以降もこの傾向は持続したが，2015 年ころになると新興国経済にも減速傾向が顕著となった。とりわけ，高い経済成長を続けてきた中国は，過剰生産と過剰投資を表面化させたのをはじめとして環境問題や所得格差の問題を深刻にしている。

　しかしながら，21 世紀の世界の多国籍企業は，20 世紀末までのそれとは姿を大きく変えた。日米欧の先進国の多国籍企業が支配してきた世界経済に新興国の多国籍企業が台頭し始めたのである。

　アメリカの経済誌『フォーチュン』が，世界の売上高最大企業 500 社の番付を「フォーチュン・グローバル 500（以下 FG500 と略記）」として毎年，公表している。FG500 にランクインした寡占企業数の推移を国籍別に見ると，21 世紀の世界の多国籍企業の趨勢がわかる。21 世紀に入って日米欧の寡占企業数は，減少した。とりわけ日本の寡占企業数の減少が著しい。一方で，BRICs 4 ヶ国と韓国，台湾を合わせた新興国（地域）の企業数は 2000 年の 29 社から 2015 年の 144 社までに増加した。21 世紀は，新興国の寡占企業が台頭する時代であった。

　新興国のなかでも，中国の寡占企業数の増大が著しい。2000 年に 12 社しかランクインしていなかった中国企業は，2011 年には 73 社がランクインし，日本の企業数 68 社を抜いて，アメリカ企業 132 社に次ぐ売上高最大企業数で世界の第 2 位となった。2015 年になると，第 1 位のアメリカ企業 134 社に次いで中国企業は，103 社がランクされるに至った。第 3 位の日本の企業数は，52 社がランクされた。

　この中国の寡占企業を見ると，そのほとんどが石油・天然ガス，石油化学，

鉄鋼，建設，鉄道，自動車，通信，金融，保険など重化学工業分野の国有（営）企業で占める。インフラストラクチャ（産業基盤）分野の国有（営）企業が主導する寡占企業体制に中国経済の特徴がある。グローバル経済のなかの中国経済の特色として「国家資本主義」と呼ばれる所以である。この頃になると，「国家資本主義」[1]論，「新興国多国籍企業」[2]論，「中国発多国籍企業」[3]論の視点から，新興国の多国籍企業とはなにか，が論じられるようになった。新興国の中国企業が，いつ，なぜ，いかにしてグローバル化しはじめたのか，が論じられるようになった。

　本書は，中国のこれら寡占企業のなかでもICT企業を取り上げる。それは，以下の理由による。2012年版FG500（2011年実績）によると，中央政府直属の国有企業は，中国移動通信，中国電信，中国聯通という電気通信キャリア3社と中国電子信息（CEC）というエレクトロニクス企業1社であった。これに対して，民間企業は，通信機器メーカーの華為技術（以下，ファーウェイ）と，国有資本と民間資本がともに半数以下を占める「混合」企業であるパソコン・メーカー，聯想集団（以下レノボ）の2社にすぎない。これが第一の特質である。

　しかも，この中国ICT企業数と売上高は，グローバルなICT産業の国際分業の視点からみてもきわめて少ない。OECD（2012）の調査によると，世界のICT売上高上位250社のうち，第1位アメリカのICT企業82社と第2位日本のICT企業49社と比較しても，第15位中国のICT企業は，6社（香港3社含む）がランクインしているにすぎない。さらに，アジアのICT企業の韓国企業もサムスンやLG，台湾企業の鴻海（ホンハイ）に代表されるEMS（エレクトロニクス・マニュファクチュアリング・サービス）の企業数と比較しても，中国のICT企業数と売上高合計は，第3位台湾企業や第4位韓国企業よりも少ない（OECD［2012］）。

　こうした厳しいグローバルな競争環境にもかかわらず，ファーウェイとレノボは，中国の国内市場における競争優位を確立しただけでなく，海外売上高を拡大させ，今や本格的に海外進出をしている。それぞれ，通信機器とパソコン産業という限られた分野であるが，世界最大の通信機器メーカーとパソコン・メーカーまでに成長している。これが第二の特質である。そこで，本書は，少

数ではあるが，急速にグローバル化するファーウェイ社，レノボ社，そしてインターネット企業のアリババなど現代中国の ICT 多国籍企業を分析対象とする。これら中国の ICT 多国籍企業がいつ，なぜ，どのように海外進出したのか，その海外進出の目的はなにか。これらを明らかにすることが，本書の研究課題である。

　ところで，中国多国籍企業の海外進出は，国境を越えた投資，すなわち，海外直接投資を行うことから始まる。しかも，中国の ICT 産業の発展は，日米欧の先進国よりも遅れてはじまった。改革・開放政策が本格化する 1990 年代初頭の段階においてさえ，中国企業の ICT 技術の開発力は先進国のそれと比較すると，その技術格差は歴然としていた。ICT 技術の開発力が後発である中国企業が，先進国の ICT 企業を競争相手に，いつ，なぜ，いかにして，海外進出できるようになったのか。中国 ICT 企業の海外進出の目的はなにか。これらの問いを明らかにすることは，新興国多国籍企業論にとって重要な研究課題となる。また，これらの問いは，先進国の多国籍企業理論で説明できるだろうか。この問いを明らかにすることは，新しい理論的な挑戦である。

　我が国における先駆的な中国多国籍企業の研究である丸川・中川編著 (2008) は，レノボ社の海外直接投資について，「戦略的資産」[4] の分析視点からそれを「戦略的資産を獲得するための直接投資」と定義している。ここでの戦略的資産とは，技術開発力，ブランド構築力，流通チャネル開発など企業にとって重要な技術的資産のことである。しかし，丸川・中川編著 (2008) の戦略的資産の概念は，十分な説明を与えている訳ではない。この戦略的資産の概念にとって重要なことは，どこの市場向けに戦略的資産を取得するか，を説明しなければならないからである。

　この「戦略的資産の獲得」は，先進国市場向けというよりは，新興国市場向けのために行われた。つまり，「戦略的資産を獲得するための対外直接投資」は，新興国市場としての中国の国内市場向け製品開発のために行われた技術導入＝技術的資産の取得であった。この意味で，戦略的なのである。このように説明することにより，先進国の多国籍企業とは異なる，新興国多国籍企業の理論的基礎が与えられる。そこで本書は，レノボ，ファーウェイ，アリババを事例に主要な中国の ICT 企業が行った戦略的資産を取得するための海外直接投

資を分析する。これが，第Ⅰ部の研究課題である。

　上述のように，中国の国内市場で展開されるクロスボーダー M&A を推進し，戦略的資産の取得を図ったのは，レノボ，ファーウェイ，アリババなど中国の ICT 企業であった。とすれば，これら ICT 企業が，対外直接投資を行う以前に，国内市場における技術的優位をいかにして獲得してきたのだろうか。中国 ICT 企業の技術的優位の自律的な発展が，対外直接投資のための必要条件であるからである。彼らはいかにして，外国企業から ICT 技術を吸収してきたのであろうか。とりわけ，中国の ICT 産業は，ココムの厳しい輸入制限を受けて海外からの技術導入が困難で，厳しい時期もあった。そこで本書は，戦略的資産の取得を行う以前の時代における中国 ICT 企業の「技術者による技術移転」と技術発展を明らかにした。それが，第Ⅱ部の研究課題である。本書の構成と各章の概要は次の通りである。

第Ⅰ部　中国 ICT 企業はいかに国際競争力を獲得したか

　第1章では，中国のパソコン産業を代表する，世界最大手パソコン・メーカーとなっているレノボ社を取り上げ，同社による対外直接投資を通じた戦略的資産の取得を考察する。本章では，レノボ社の 2005 年のアメリカの IBM のパソコン事業買収を「戦略的資産を獲得するための直接投資」として，どこの市場向けに，どんな技術資源を入手したか，を分析する。そこで本章はまず中国 ICT 産業の現状とその産業構造上の特質を明らかにする。次いで時系列的分析をつうじて中国 ICT 産業におけるグローバル寡占企業の形成を考察し，レノボ社などグローバル企業化した中国 ICT 企業の成長の背景を描き出す。最後にレノボ社の IBM 社の PC 部門を買収する前の競争力とその買収を通じた国際競争力の構築を考察する。新興国企業の多国籍企業化の目的は，先進国向けの市場開拓ではなく，新興国市場としての国内市場ないしは海外の新興国市場における競争優位を獲得するための投資であり，この意味で戦略的であるということを明らかにする。

　第2章では，世界の通信機器大手を追い抜き，今や世界最大の通信機器企業となっているファーウェイ社を取り上げる。ファーウェイの海外進出は「後進市場の開拓」のためである。すなわち，当社が後進市場に進出しえたのは，後

進市場における先進国企業および現地企業に対して相対的な優位性を持っているからだということである。彼らはまた，ファーウェイをはじめ中国企業が中国という低所得市場で育ってきたがために，低所得者市場に適した技術を発展させている。ところで，ファーウェイ社に関する既存の研究は，ファーウェイ社の市場戦略やビジネス・モデル，そして国際化プロセスを探求してきたものの，戦略的資産の取得は未だに論証し，実証されていない。そこで本章の目的は，これらを論証し，検証することにある。そのことは，同時に，中国の通信機器企業の国際競争力を解明することでもある。

　第3章では，今日中国のインターネット企業が国内外で関心を集めているなかで，最大手3社であるバイドゥ社，アリババ社とテンセント社を取り上げ，なかでもアリババ社を中心事例としてインターネット産業における戦略的資産の取得を考察する。中国の場合，政府による外資系インターネット企業への規制が事実上，国内企業にたいする一種の産業保護になったことに注意を払わなければならない。そこで本章は，まず中国のインターネット産業の発展を概観し，そこにおける企業の寡占化を考察する。次に，前述した3社のビジネス・モデルを考察した上で，アリババ社による Yahoo China の買収を中心事例に取り上げる。本章は，インターネット・ビジネスの分野においても，対外直接投資による戦略的資産の取得が大きな役割を果たしたことを明らかにし，この事例分析を新興国における多国籍企業研究として位置づけている。

第II部　「技術者による技術移転」に基づく競争優位

　第4章は，第II部で解明する「技術者による技術移転」という仮説を提示している。中国 ICT 産業における技術開発能力は，高くないと評価されている。しかし，パソコン産業の誕生やレノボの競争優位をもたらした中国語情報処理技術という，今日になっても世界的にも高く評価され，広く利用される技術革新が存在している。中国の ICT 産業において，中国企業と国内の研究機関が充分な研究開発能力を持っていない状況のなかで，中国企業は主に海外技術の移転を受けて，これら技術革新をなし遂げた。

　本章は，まず，ICT 産業における産業構造と競争構造の転換，技術の形態，技術移転のチャンネルなど理論フレームワークを設定した。その上で，機械設

備，工具，部品などハードウェアと，仕様書，マニュアル，図面などソフトウェアによる技術移転に様々な制限を受けている後発国中国の企業にとって，「技術者」という経路が技術移転の重要なチャンネルとなることを示した。

第5章は，「技術者による技術移転」を論証・実証し，上述の中国語情報処理技術というイノベーションは如何にもたらされたのかを明らかにする。具体的には，まず，中国ICT産業の史的発展と各段階における技術発展を見ることを通じて，中国語情報処理技術はコンピュータでの中国語漢字情報処理を可能にした重要な技術革新であることを示す。次に中国語情報処理技術の内容，そしてこの技術を開発したのがどのような技術者であるかを明らかにする。最後に，これら中国語情報処理技術の開発者たちの技術が，旧ソ連の対中技術移転の影響を受けてもたらされたことと，旧ソ連のコンピュータ開発における対中技術移転がどのようなものであったか，を明らかにする。すなわち，技術者間における技術の伝承関係を遡る。以上の分析を通じて，1950年代のソ連の対中技術移転の中で「技術者による技術移転」はすでに行われており，それが中国語情報処理の技術革新を支えていたことを明らかにする。

第6章は日本向けオフショア・ソフトウェア開発におけるブリッジSEという技術者を通じた技術移転を解明する。中国のソフトウェア産業において，日本向けオフショア開発の規模はそれほど大きくないものの，Neusoft，大連華信などいくつかの中国系ソフトウェア・ベンダーが日本向けオフショア開発をつうじて技術力を蓄積し，ソフトウェア開発の上流工程をも担当できている。さらに，彼らはもはや国内市場向けのSIベンダーとしても活躍し始めている。

日本のオフショア開発においては，技術者のなかでも，ブリッジSEがプロジェクトの成否に関わるキーパーソンと言われる。そこで本章はまず，日本から中国へのオフショア開発の発展，そしてそれが中国ソフトウェア産業の技術進歩に寄与したことについて考察する。次に，オフショア開発におけるブリッジSEの役割と，中国ソフトウェア企業の技術進歩にとってブリッジSEの意義を明らかにする。そして，日系企業においては，ブリッジSEが企業内国際移動をつうじて育成されていることを解明する。また，Neusoft，DHCなど一部の中国企業におけるブリッジSEの育成が，日系企業に依存せず自社内でも

おこなえるようになったことを明らかにする。最後に，ブリッジ SE の育成を
つうじた技術移転によって，上流工程を担当できるようになったこと，一部の
中国ソフトウェア企業においては，国内市場向けの SI ベンダーとしての技術
発展を支え始めていることを，事例研究で明らかにする。

　第 7 章は R&D のグローバル化において中国はどのような位置にあるかを考
察し，そこにおける技術者（中国人研究開発者）を通じた技術移転を検証す
る。具体的には，まず，多国籍企業による海外 R&D の国際化からグローバル
化へという段階的発展とその特徴を概観し，R&D のグローバル化において中
国は多国籍企業の途上国における最大の海外 R&D 拠点の地位にあり，中国進
出の最大の動機は大量且つ安価な人材の獲得であることと，多国籍企業の中国
における R&D 活動は現地生産の技術支援や製品のローカル化など比較的単純
な開発が主流であるが，少数の基礎研究やグローバル市場向け製品開発など比
較的高度な研究開発をおこなっている企業も存在していることを明らかにす
る。次に，中国で進行してきた R&D のグローバル化は，中国政府と企業が期
待するような技術移転をもたらすことができるかどうかを明らかにする。最後
に，マイクロソフト社の中国 R&D 拠点を主要な事例に取り上げ，その上にイ
ンテル，グーグルなど数社を加えて，これら ICT 多国籍企業の中国 R&D 拠
点においては，多様な研究開発がなされており，またその担い手は中国人技術
者たちであることと，こうした技術者の中国現地への移動を通じた技術移転が
すでに起きていたことを明らかにする。

　以上が，本書の構成と各章の概要であるが，本書は，残された課題も多い。
序言の冒頭で言及したとおり，21 世紀に入って年間成長率 10% に近い高い経
済成長を続けてきた中国は，2015 年には経済成長を鈍化させ始めた。中国の
輸出と公共投資主導の経済成長は，中国の寡占企業や多国籍企業の規模と数を
増大させた反面で，過剰生産と過剰投資を生み出し，PM2.5 など都市の環境問
題や都市と内陸との所得格差の問題を深刻化させていた。今日，中国政府は，
その問題解決のための経済対策を採ろうとしているが，その成否はまだ不明で
ある。本書は，この研究課題については，ほとんど分析することができなかっ
た。中国の寡占企業や多国籍企業の台頭が，過剰生産と過剰投資にいかに結び

ついたのか，また，都市の環境問題や都市と農村との所得格差の問題に及ぼした影響の分析は，本書の残された課題である。

　最後に，本書の成り立ちに触れておきたい。本書は，夏目啓二と陸云江の共著である。本書の初出一覧を示すと，下記のとおりである。

第I部
第1章　夏目啓二・陸云江「中国ICT企業の競争優位—レノボ社の国際競争力」夏目啓二『21世紀のICT多国籍企業』（同文舘），2014年，179-205頁。
第2章　夏目啓二・陸云江「中国通信機器企業の競争力——ファーウェイを中心として」（査読付き）龍谷大学経営学会編『経営学論集』第54巻第3・4号，2015年3月，19-35頁。
第3章　夏目啓二・陸云江「中国のインターネット・ビジネスにおける戦略的資産の取得—大手三社を主要事例として—」（査読付き）『龍谷大学社会科学研究年報第46号（2015年度）』，2016年5月，115-128頁。
第II部
第4章　陸云江「中国IT産業における技術進歩と技術移転に関する方法的一試論」（査読付き）アジア経営学会編『アジア経営研究』第14号，2008年6月，253-268頁。
第5章　陸云江「パソコンでの中国語情報処理における技術進歩と技術移転」（査読付き）龍谷大学経営学会編『経営学論集』第50巻第4号，2011年3月，121-136頁。
第6章　陸云江「オフショア開発における日本から中国への技術移転—ブリッジSEの役割とその育成を中心に—」（査読付き）日本比較経営学会編『比較経営研究』第36号，2012年7月，83-108頁。
第7章　陸云江「R&Dのグローバル化と中国IT産業の技術発展」（査読付き）龍谷大学経営学会編『経営学論集』第51巻第2・3号，2011年12月，9-23頁。

　見られるように，第I部の第1章から第3章までは，夏目啓二と陸云江の共

著論文からなり，第Ⅱ部の第4章から第7章までは，陸云江の博士学位論文を構成する諸章からなる。本書の章立て構成を見て明らかなように，本書は，共著ではあるが，陸云江の研究業績の貢献が絶大である。本書の第Ⅱ部を構成する4編の章は，陸云江の博士学位論文から構成される4編の単著論文であることを見ても陸云江の本書への貢献の大きさは，一目瞭然である。しかし，本共著書は，問題意識と分析視点と研究課題を共有しており，かかる意味で共著書として貢献できるものと確信している。

　共著書の企画を計画したのは，陸云江が博士学位を授与された2012年度のことである。翌2013年9月にアジア経営学会全国大会で共著報告していらい，2014年の共著論文を皮切りに2015年，2016年にそれぞれ共著の研究成果を発表することができた。学会報告の機会を与えていただいたアジア経営学会，日本比較経営学会，管理論研究会の関係各位並びにコメントをいただいた会員の皆様に感謝申し上げたい。また，日本経営学会，日本国際経済学会，多国籍企業学会の関係各位及び会員の先生方からも，ご助言をいただいた。日頃よりいただいているご厚情に感謝申し上げたい。

　また，この間，龍谷大学社会科学研究所の共同研究「グローバルなICT産業における経営戦略の国際比較」（2013年度〜2015年度）の共同研究員と研究協力者の諸先生にも感謝申し上げたい。共同研究員と研究協力者（順不同）の宮崎信二（名城大学教授），中川涼司（立命館大学教授），宋娘沃（中国短期大学准教授），中原裕美子（九州産業大学教授），羽渕貴司（神戸国際大学准教授），林　尚毅（龍谷大学教授），鍬塚賢太郎（龍谷大学准教授），上田智久（東京農業大学講師），李美善（名古屋経済大学准教授）の諸先生からは，貴重なコメントとアドバイスをいただいた。とくに専門領域の中川涼司先生からは，共同研究や学会など様々な機会に貴重なコメントとアドバイスをいただいた。感謝申し上げたい。

　最後に，本共著書は，日本学術振興会の科学技術研究費補助金・平成28年度学術図書の助成を受けて研究成果を出版することができた。また，龍谷大学の平成28年度短期国外留学の機会を与えていただいた研究成果でもある。この様な機会を与えていただいた日本学術振興会と学校法人龍谷大学の関係各位に深く感謝申し上げたい。また，出版環境が厳しいなか専門性の高い学術研究

x　序　言

書の出版をお引き受けいただいた文眞堂の前野隆氏，ならびに編集者の前野眞
司氏には編集の労をとっていただいた。記して感謝申し上げたい。

2017 年 1 月

夏目啓二・陸云江

〈注〉

1　Bremmer, Ian A. [2011]
2　Williamson, et al. eds. [2013]
3　丸川・中川編著 [2008]
4　丸川・中川編著（[2008]，12-14 頁），Dunning John H. and Rajneesh Narula（1996），UNCTAD（2006），Buckley, et al.（2007）を参照。

〈参考文献〉

Bremmer, Ian A.（2011）*The End of the Free Market: Who Wins the War Between States and Corporations?*, Portfolio Trade.（有賀裕子訳 [2011]『自由市場の終焉：国家資本主義とどう闘うか』日本経済新聞出版社。）

Buckley, Peter J., Jeremy Clegg, Adam R. Cross and Xin Liu（2007）"The determinants of Chinese outward foreign direct investment", *Journal of International Business Studies*, 38, pp.499-518.

Dunning, John H. and Rajneesh Narula（1996）"The Investment Development Path Revisited: Some Emerging Issues", in John H. Dunning and Rajneesh ed., *Foreign Direct Investment and Governments: Catalysts for Economic Restructuring*, Routledge.

Fortune Global 500 のオフィシャル・サイト（http://fortune.com/global500/）

OECD（2012）*Internet Economy*, OECD.

UNCTAD（2006）*World Investment Report: FDI from Developing and Transition Economies: Implications for Development*, United Nations, http://unctad.org/ en /Docs/wir2006_en.pdf.

Peter J. Williamson, Ravi Ramamurti, Afonso Floury and Maria Tereza Leme Floury, eds.（2013）The Competitive Advantage of Emerging Multinationals, Cambridge University Press.

丸川知雄・中川涼司編著（2008）『中国発多国籍企業』同友舘。

夏目啓二（2014）『21 世紀の ICT 多国籍企業』同文舘。

[付記] 本研究は，平成 28 年度科学研究費助成事業（科学研究費補助金）JSPS KAKENHI Grant Number JP16HP5158 の助成を受けた成果である。

目　　次

序言 ……………………………………………………………………… *i*

第 I 部　中国 ICT 企業はいかに国際競争力を獲得したか …… *1*

第 1 章　レノボ社はいかに国際競争力を獲得したか ……………… *3*

第 1 節　はじめに　……………………………………………………… *3*

第 2 節　今日の中国 ICT 産業　………………………………………… *4*

　1.　世界のなかの中国 ICT 産業………………………………………… *4*

　2.　中国 ICT 産業の産業構造………………………………………… *6*

　3.　中国 ICT 産業の特質……………………………………………… *7*

第 3 節　中国におけるグローバル寡占企業の形成　………………… *11*

　1.　中国市場のグローバル化と中国の ICT 企業…………………… *11*

　2.　「ベスト 100 社」に見る中国 ICT 企業の寡占化　……………… *14*

第 4 節　レノボ社のグローバルな競争優位　………………………… *17*

　1.　レノボ社の概要　………………………………………………… *17*

　2.　レノボ社のコスト・リーダーシップ戦略による競争優位

　　（IBM・PC 買収以前）　………………………………………… *18*

　3.　PC 事業買収によるグローバルな競争優位　………………… *21*

　4.　レノボ社の戦略的資産の獲得の意味　………………………… *24*

第 5 節　おわりに　……………………………………………………… *25*

第 2 章　ファーウェイ社はいかに国際競争力を獲得したか … *29*

第 1 節　はじめに　……………………………………………………… *29*

第 2 節　中国通信機器製造業の急速な発展　………………………… *30*

　1.　中国における電気通信サービス業の発展　…………………… *30*

2. 中国通信機器製造業の発展 ……………………………… 34

第3節　中国通信機器産業におけるファーウェイの地位 ………… 38

1. 中国の通信機器産業 …………………………………… 38

2. 中国通信機器企業のグローバル寡占化とファーウェイ …… 40

第4節　ファーウェイの国際競争力 ………………………… 42

1. 国内市場における競争優位 …………………………… 42

2. 国際市場における競争優位 …………………………… 45

3. ファーウェイの戦略的資産の取得 …………………… 48

第5節　おわりに ………………………………………… 51

第3章　アリババ社はいかに国際競争力を獲得したか ……… 55

第1節　はじめに ………………………………………… 55

第2節　中国におけるインターネット・ビジネスの発展 ………… 56

1. 分析フレームワーク ………………………………… 56

2. 中国におけるインターネット・ビジネスの成立と発展 …… 58

第3節　中国のインターネット産業における寡占化 ……………… 60

1. 中国におけるインターネット・ビジネスの現状 ………… 60

2. インターネット企業の寡占化 ………………………… 62

第4節　寡占インターネット企業3社におけるビジネス・モデル … 65

1. テンセント社とバイドゥ社 …………………………… 65

2. アリババ社 …………………………………………… 69

第5節　おわりに ………………………………………… 73

第Ⅱ部　「技術者による技術移転」に基づく競争優位 ………… 77

第4章　「技術者による技術移転」に関する理論的検討 ……… 79

第1節　はじめに ………………………………………… 79

第2節　ICT産業における産業構造・競争構造の転換 ………… 80

1. ICT産業の定義と特徴 ……………………………… 80

2. コンピュータ産業からICT産業へ──産業構造と競争構造の転換… 82

3.　グローバル資本主義とICT産業の新しい国際分業体系…………　*83*

　第3節　技術進歩と技術移転に関する理論的再検討　……………　*84*

　　1.　技術　………………………………………………………………　*84*

　　2.　技術進歩　………………………………………………………　*86*

　　3.　技術移転　………………………………………………………　*88*

　　4.　技術者　…………………………………………………………　*91*

　第4節　技術者による技術移転　…………………………………　*93*

　　1.　ICT人材の国際移動に関する先行研究　……………………　*93*

　　2.　後発国にとって技術者の役割に関する先行研究　…………　*95*

　第5節　おわりに　……………………………………………………　*96*

第5章　パソコン産業における中国語情報処理技術　…………　*99*

　第1節　はじめに　……………………………………………………　*99*

　第2節　中国ICT産業の技術発展　………………………………　*100*

　　1.　コンピュータ産業成立以前の技術発展　……………………　*100*

　　2.　コンピュータ産業成立以降の技術発展　……………………　*106*

　第3節　中国語情報処理技術とその開発者たち　………………　*108*

　　1.　中国語情報処理技術　…………………………………………　*108*

　　2.　中国語情報処理技術の開発者たち　…………………………　*113*

　第4節　ソ連の対中技術移転と開発者たちの技術形成　………　*115*

　　1.　ソ連の対中技術移転と「技術者による技術移転」　………　*115*

　　2.　中国語情報処理技術の開発者たちの技術形成　……………　*118*

　第5節　おわりに　……………………………………………………　*119*

第6章　オフショア開発による日本から中国への技術移転　…　*123*

　第1節　はじめに　……………………………………………………　*123*

　第2節　オフショア開発と中国ソフトウェア産業　……………　*124*

　　1.　日本から中国へのオフショア開発　…………………………　*124*

　　2.　オフショア開発を通じた日本から中国への技術移転　……　*128*

　第3節　ブリッジSEの役割と日系企業による育成　……………　*131*

1. ブリッジ SE の役割 ……………………………………………… *131*

2. 日系企業（NEC）によるブリッジ SE の育成 ……………… *135*

第4節　中国企業におけるブリッジ SE の育成……………………… *137*

1. 事例研究：中国企業におけるブリッジ SE の育成と技術進歩 … *137*

2. 事例のまとめ ………………………………………………… *143*

第5節　おわりに ……………………………………………………… *144*

第7章　R&D のグローバル化と中国への技術移転 ………… *147*

第1節　はじめに ……………………………………………………… *147*

第2節　R&D のグローバル化の現段階と中国 ……………………… *148*

1. R&D のグローバル化に至るまでの発展 …………………… *148*

2. R&D のグローバル化と中国 ………………………………… *150*

第3節　R&D のグローバル化と中国への技術移転 ………………… *156*

1. R&D のグローバル化と技術移転 …………………………… *156*

2. 多国籍企業の中国 R&D 拠点における中国人技術者の役割 …… *158*

第4節　マイクロソフト社を中心とする事例研究 ………………… *160*

1. マイクロソフト社の事例 …………………………………… *160*

2. 他の ICT 多国籍企業の中国 R&D 拠点から現地への技術者の移動… *165*

3. 事例研究のまとめ …………………………………………… *167*

第5節　おわりに ……………………………………………………… *167*

結言 ……………………………………………………………… *172*

1. 本書の結論 …………………………………………………… *172*

2. 中国の ICT 多国籍企業：その展望と課題……………………… *174*

索引 ……………………………………………………………… *176*

第 I 部

中国 ICT 企業はいかに国際競争力を獲得したか

第1章

レノボ社はいかに国際競争力を獲得したか

第1節　はじめに

　21世紀に入って先進国の経済と企業活動が停滞する一方で，BRICsをはじめとした新興国諸国の経済と企業の発展が著しい。フォーチュン誌の「グローバル500」（2012年版）で見ると，2011年には世界の売上高最大500社のうち，中国企業73社がランクインし，日本企業68社を抜いてアメリカ企業132社に次ぐ2位となった。これら売上高最大500社にリストされた企業は，グローバル寡占企業である。グローバル寡占企業とは，貿易と投資が自由化した産業で活動する企業が，大規模化し，寡占化した企業である。

　中国のグローバル寡占企業のほとんどが，石油・天然ガス，石油化学，鉄鋼，建設，鉄道，自動車，通信，金融，保険など重化学工業分野の国有（営）企業で占める。ここに新興国中国のグローバル寡占企業の特徴がある。グローバル経済のなかの中国経済の特色として「国家資本主義」と定義される所以である。この頃になると，「国家資本主義」論（Bremmer, Ian A. [2011]），「新興国多国籍企業」論（Williamson, et al. eds. [2013]），「中国発多国籍企業」論（丸川・中川編著[2008]）の視点から，新興国としての中国企業のグローバル化の推進動機を論じ，中国企業がなぜグローバル化しはじめたのか，新興国多国籍企業とはなにか，が論じられるようになった。丸川・中川編著（2008）の「中国発・多国籍企業」は，中国のパソコン企業レノボが展開する海外直接投資を「戦略的資産を獲得するための直接投資」と評価している。この「戦略的資産を獲得するための直接投資」の概念と定義は，Buckley, et al. (2007) により提起されている概念と定義である。今日，この概念と定義の解釈，理解が問われている。

そこで本章は，中国の ICT 産業のなかでもパソコン産業を事例に，新興国多国籍企業，レノボ社の「戦略的資産を獲得する」動機はなにか，競争優位はなにか，を明らかにする。レノボが推進する「戦略的資産を獲得するための」動機は，先進国向けの市場開拓を目的とするというより，世界最大市場としての，新興国市場としての，中国国内市場における競争優位を獲得するための直接投資であり，この意味で戦略的である，というのがわれわれの理解である。このレノボ社の「戦略的資産の獲得」仮説は，これまでの先進国多国籍企業論の通説である Hymer（1972）による「企業特殊優位説」とは異なる，新興国多国籍企業の新しい仮説，「新興国市場における競争優位」仮説であることを示す。

　そこで本章は，まず第 2 節で中国 ICT 産業の現状を分析し，その構造的特質を明らかにする。次いで第 3 節では，中国 ICT 産業におけるグローバル寡占企業の形成過程を考察し，レノボ社など中国 ICT 企業が大規模化し，寡占企業化したプロセスを明らかにする。最後に第 4 節では，レノボ社が IBM のPC 事業を買収する以前の競争力と，その後の国際競争力を比較分析する。この比較分析を通じて，新興国企業の多国籍企業化の推進動機が，先進国向けの市場開拓というよりは，新興国市場向けの，世界最大市場としての中国国内市場における競争優位を獲得するための技術資産投資であり，この意味で戦略的であるということを明らかにする。

第 2 節　今日の中国 ICT 産業

1. 世界のなかの中国 ICT 産業

　まず初めに，今日の世界の ICT 産業における中国の位置を確認しておこう。図表 1-1 に示されているように，2004 年時点では，中国のエレクトロニクス製品の生産額が 2,656 億米ドルに達し，1 位のアメリカ（2,679 億米ドル）に肉薄する規模であった。そして，2007 年になると，中国のエレクトロニクス製品の生産額は，アメリカの 2,824 億米ドルを大きく上回る 4,131 億米ドルになると推定されていた。他方，ICT 製品の輸出においても，2008 年中国の輸出

図表 1-1 主要国（地域）によるエレクトロニクス製品の生産額
(2004年の値は実績，2007年の値は推定額である。単位：億米ドル)

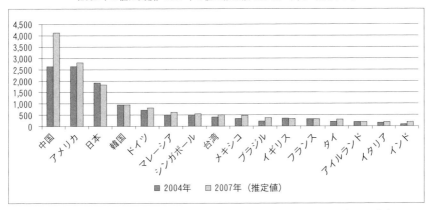

（出所）OECD（2008），p.92（データは http://dx.doi.org/10.1787/473627562071）より作成。

額は4,300億米ドルに達し，2位のアメリカ（1,740億米ドル）の2.5倍近くであった（OECD [2010]，p.78）。かくして，2000年代の後半に入って，中国はICT機器の生産額と輸出額で世界最大の生産・輸出拠点となったことが確認できよう。

さらにまた，2008年9月のリーマンショックは，世界のICT製造業にどのような影響を与えたのだろうか。図表1-2は主要国（地域）によるICT製品生産額の月間成長率の推移を示すものである。このOECD（2012）の資料によると，リーマンショック発生後の約1年間（2008年10月～翌年の9月まで）をつうじて，アメリカは最大17.3％，韓国は最大40.1％，日本は最大47.6％のマイナス成長を経験した。これらに対して中国におけるICT製品生産の落ち込みは，最大時においても1.3％のマイナス成長に止まった。しかも，中国のマイナス成長期はわずか2ヶ月で，非常に短いものであった。また，2009年10月以降の成長率をみても，中国はアメリカを上回っている。すなわち，リーマンショック以降も中国はその地位を保ち続けている。

図表1-2 主要国(地域)におけるICT製品月間生産額の成長率推移

(2007年4月～2012年4月,単位:%)

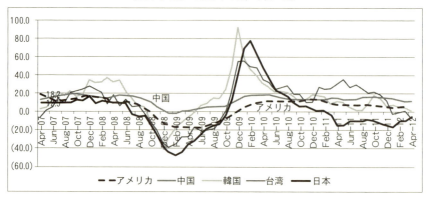

(出所) OECD (2012), p.34 (データは http://dx.doi.org/10.1787/888932692410) より作成。

2. 中国ICT産業の産業構造

次に,中国経済におけるICT産業の地位について見よう。2011年ICT産業の生産額は6.38兆人民元(0.99兆米ドル)に達し,中国の工業総生産の7.5%を占め,交通運輸設備製造業(6.3兆人民元,0.98兆米ドル)を上回っている[1]。そしてICT産業の輸出入額が1.1兆米ドルを超え,中国の輸出入総額の3割強を占めている[2]。このように,中国のICT産業は経済発展を支える基幹産業と言える。

中国ICT産業とはなにか,『中国信息産業年鑑』2012年版により,その産業の規模と構造を見ておこう。2011年,中国ICT産業の総販売額は9.38兆人民元(1.45兆米ドル)に達している。そのうち,ハードウェア製造業が7.49兆人民元(1.16兆米ドル)で,ICT産業売上高の約8割,ソフトウェア・サービス業が1.88兆人民元(0.29兆米ドル)で,ICT産業売上高の約2割を占めており,中国のICT産業はハードウェア分野中心の構造になっている。このハードウェア製造業の内訳をさらに詳しく見ると,コンピュータ産業が29%,電子部品産業が18%,デバイス・IC産業が16%,通信機器産業が15%,家庭用オーディオ・ビデオ機器産業が7%,その他が15%を占めており,主に以上の5つの産業分野に拡散しており,コンピュータ産業がそのうち最大の産業分野である(『中国信息産業年鑑』2012年版,25頁)。

3. 中国ICT産業の特質

　中国のコンピュータ開発は，1950年代後半における旧ソ連からの技術導入以降，60年代における自主開発への試練，70年代におけるアメリカの模倣，そして70年代から80年代前半にかけての「民族主義からプラグマティズム」への政策転換およびそうした政策転換がもたらした国際化度合の高まり（80年代半ば以降）を経てきた。中国のコンピュータ産業は，パソコンを中心に1980年代半ばに成立に至ったのである[3]。

　ところが，図表1-3と図表1-4に示されているように，1990年代に入って中国のICT産業が急速な発展を遂げ始めた。なかでも，1992年と2002年といった時点から，ICT生産額の急増が見られる。これは，1992年初頭の鄧小平氏による「南巡講話」と2001年末の中国のWTO加盟の影響である。図表1-4と図表1-5のとおり，こうした急成長の担い手が台湾・香港・マカオ企業を含む広義での「外資企業」であった。この外資企業によるICT生産額の急拡大の結果，中国企業による生産は1990年代初頭の9割強を占めているものが，2005年前後の2割弱までに激減し，今日においても3割程度に留まるのである。中国ICT産業における外資企業の生産の役割が極めて大きいのであ

図表1-3　中国ICT製造業の生産額の推移（1988～98年）

（単位：億人民元，1990年価格）

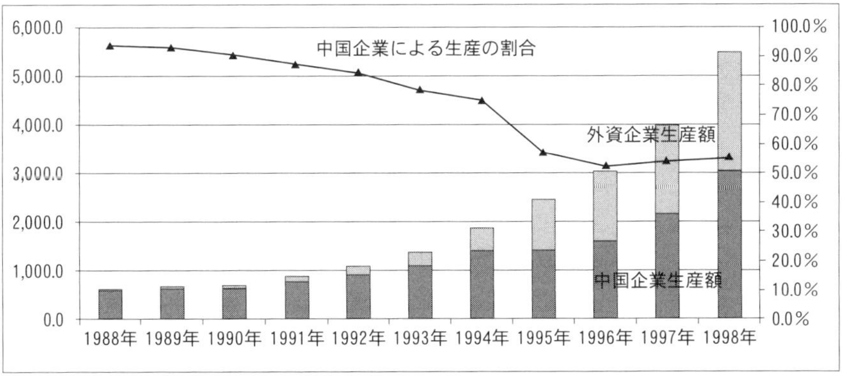

　注：中国の場合，広義の外資企業には，外国企業と台湾・香港・マカオ企業が含まれている。図表1-3の元データは外国企業と台湾・香港・マカオ企業を区別していないため，広義の外資企業概念である。それにたいして，図表1-4の外資企業は狭い意味での外資企業であり，外国企業である。
（出所）『中国電子工業年鑑』1993～1999年版より作成。

8　第 I 部　中国 ICT 企業はいかに国際競争力を獲得したか

図表 1-4　中国 ICT 製造業の生産額の推移（1993 〜 2011 年）

（単位：億人民元，当年価格）

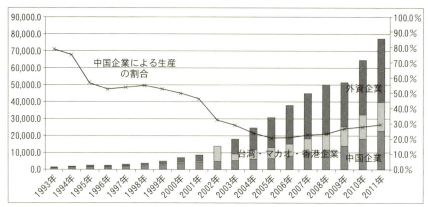

注：2002 年の統計データでは，台湾・香港・マカオ企業と外国企業を合算しているため，ここで広義の外資企業となっている。

（出所）　『中国電子工業年鑑』1993 〜 2004 年版，『中国信息産業年鑑』2005 年版，『中国信息産業年鑑・電子巻』2006 〜 2008 年版，『中国信息産業年鑑』2009 〜 2012 年版より作成。

図表 1-5　中国 ICT 製造業における企業の国籍別輸出額の推移（1993 〜 2011 年）

（単位：億人民元）

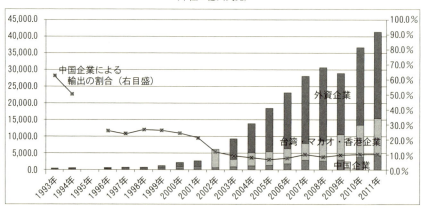

（出所）　図表 1-4 に同じ。

る。

　さらにまた，1993 年以降，中国 ICT 製造業における企業の国籍別輸出額の

推移を図表 1-5 で見ると，外資企業が，ICT 生産の場合と比べて，より大きな役割を演じていることがわかる。21 世紀に入って急拡大する ICT 製造業の中国からの輸出額の約 90% が外資企業に担われていた。2011 年の輸出においては，台湾・香港・マカオ企業が 27% 弱，それ以外の外資企業が 63% 弱，そして中国企業が 10% 強を占めるのである。以上のように，生産と輸出の主な担い手が外資企業であることは，中国 ICT 産業の重要な構造的特質となっている。

　輸出入の品目及び担い手をさらに詳しく見ると，図 1-6 に示されるように，ほとんどの部門において外資企業が輸出入の主役である。ただし，こうした中でも，通信機器・コンピュータ・家庭用電子機器などの分野において，中国企業による輸出が着実に増大していることも，注目できる。とは言え，中国ICT 産業は，デバイス・IC，計測機器など高付加価値の基幹部品の輸入依存の状況には，大きな変化がない。いわゆる ICT 産業における外資企業への「技術依存」のままである。

　ところが，図表 1-4 と図表 1-5 に見られるように，2005・06 年以降，中国企業は ICT 生産におけるシェア率を上昇させ，そして輸出においても，中国企業は 10% のシェア率を保っている。さらに，図表 1-6 が示すように，コンピュータ製品輸出額の急拡大は，外資企業の主導によることに基本的な変化はないが，中国企業による輸出額が増大していることも大きな変化である。また，コンピュータ製品の輸入が増大していることは，中国におけるコンピュータ製品市場が急拡大していることを反映している。さらに，基幹部品であるIC やデバイスは，外資企業主導の輸入によるという基本的な構造に変化はないが，中国企業による輸入が増大していることは新しい変化である。こうした新しい変化を生み出している ICT 製品の生産・輸出入を担っている中国企業とは，どのような中国企業なのか。次節では，これらの新しい変化を生み出している中国 ICT 企業を考察しよう。

10　第Ⅰ部　中国ICT企業はいかに国際競争力を獲得したか

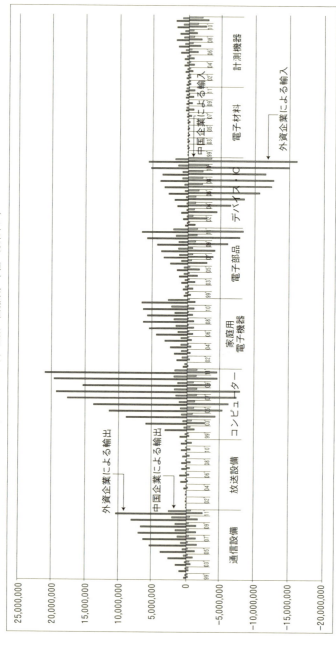

図表1-6　中国ICT製造業の主要分野における輸出入の推移
（1999～2011年，企業の国籍別，単位：万米ドル）

(出所)　図表1-4に同じ。

第3節　中国におけるグローバル寡占企業の形成

1. 中国市場のグローバル化と中国のICT企業

　1993年時点の中国ICT製造業において，中国企業は企業数の87％，生産額の78.7％，輸出額の62.2％を占め，なかでも国有企業がICT製造業で大きな役割を担っていた[4]。そして全般的に言えば，1企業当たり雇用者数の多い小規模ICT企業が広範囲に活動していたのである。

　しかしながら，中国政府の対外経済政策は，このICT製造業に大きな影響を与えた。1978年に始まる改革・開放政策，1992年の鄧小平氏による南巡講話，2001年の中国のWTO加盟などが，外資ICT企業の中国進出に大きな影響を及ぼした。外資ICT企業の中国への進出段階は，図表1-7が示すように，大きく分けて3つの段階に区分することができる。外資ICT企業の中国進出の第一段階は，改革・開放政策以降の1980年代に始まる。日系ICT企業の中国事務所設置は，改革開放とほぼ同時期に始まり，最も早かった。そして，通信・ネットワーク系のルーセント，シスコおよび韓国系企業を除きほとんどの外資系ICT企業は，1980年代において中国事務所の設置を完成させた。この外資ICT企業が進出し始めた段階で，中国のICT製造業がグローバル化し始めたと言える。

　さらに第2段階の鄧小平氏の南巡講話以降の1990年代前半になると，多国籍ICT企業は中国における生産拠点と中国事業の統括子会社の設立を本格化した。それとともに中国のICT生産額が急拡大する。さらに第3段階の中国のWTO加盟を果たした1990年代後半から2000年代はじめにかけて外資ICT企業は，研究開発センターを設置するに至るのである。この時期は，中国におけるICT市場が急拡大し，中国市場向けの製品開発や基礎研究のセンター設立が行われた時期である。

　しかしながら，こうした外資企業とのグローバル競争は，中国の小規模ICT企業を減少させた。図表1-8が示すように，90年代を通じて外資企業の数が1993年の428社から2000年の842社へと増大する一方で，中国企業の数

12　第Ⅰ部　中国ICT企業はいかに国際競争力を獲得したか

図表1-7　海外大手ICT企業の中国進出時期一覧

年	アメリカ								日本						ヨーロッパ				韓国	
	IBM	HP	デル	マイクロソフト	インテル	ルーセント	シスコ	モトローラ	富士通	日立	NEC	パナソニック	東芝	ソニー	ノキア	シーメンス	エリクソン	フィリップス	サムスン	LG
1979									○		●			○						
1980										○	○									
1981		○																		
1982												●				○				
1983																				
1984	○																			
1985		●			○											○		○	●	
1986																				
1987								○	●			●								
1988																				
1989																				
1990	●							●												■
1991											●		●							
1992	■			○				●						●		●	●	●		
1993								△								●				●
1994					■		○		■			●					■			
1995	△	■	△						■				■	●				■		
1996								■	●				■							
1997							△													
1998		○							△									△		
1999								▲												
2000		●							△									△		
2001													△	△						
2002			△														△			△
2003												△								
2004				△															△	
2005		△						△						■		△				
2006								■									△			

注：○は事務所，●は生産拠点，■は中国事業を統括する子会社，△は研究開発センターを示す。
（出所）　各社のホームページ，陳宇峰（2005），王志楽編（1998），（1999），（2003），（2004），（2005），
　　　　（2006）より作成。

第1章　レノボ社はいかに国際競争力を獲得したか　　*13*

図表 1-8　中国 ICT 製造業企業数と 1 社当たり生産高の推移

年	ICT 製造業		企業国籍別								産業別	
			中国企業				台湾・香港・マカオ企業		外資企業		うちコンピュータ産業	
					うち国有企業							
	企業数（社）	1社当たり生産高（億人民元）	企業数（社）	1社当たり生産高（億人民元）	企業数（社）	1社当たり生産高（億人民元）	企業数（社）	1社当たり生産高（億人民元）	企業数（社）	1社当たり生産高（億人民元）	企業数（社）	1社当たり生産高（億人民元）
1993 年	3,393	0.34	2,965	0.30	1,512	0.36	254	0.38	174	0.84	211	0.44
1994 年	3,438	0.47	2,911	0.41	1,488	0.50	296	0.52	231	1.08	241	0.59
1995 年	3,497	0.64	2,800	0.45	1,460	0.55	421	1.15	276	1.72	221	0.66
1996 年	3,417	0.67	2,658	0.45	1,378	0.56	437	0.88	322	2.21	238	1.12
1997 年	3,168	0.92	2,415	0.65	1,226	0.80	423	1.11	330	2.65	234	1.42
1998 年	2,914	1.21	2,183	0.89	1,074	0.95	409	1.33	322	3.23	231	2.11
1999 年	2,839	1.65	2,101	1.17	1,001	1.18	399	1.68	339	4.54	239	2.97
2000 年	2,954	2.30	2,112	1.59	901	1.77	414	1.87	428	6.19	287	4.08
2001 年	3,062	2.76	2,197	1.77	789	2.18	386	2.18	479	7.76	439	3.57
2002 年	9,006	1.52	5,675	0.78	910	1.26	—	—	—	—	588	5.54
2003 年	10,596	1.68	6,609	0.78	860	1.33	2,110	1.81	1,877	4.72	759	7.29
2004 年	12,411	1.97	7,631	0.77	713	1.54	2,399	2.47	2,381	5.33	868	9.17
2005 年	16,007	1.91	9,527	0.66	659	1.49	3,129	2.11	3,351	5.30	1,241	8.23
2006 年	16,958	2.23	10,036	0.79	564	2.07	3,229	2.20	3,693	6.16	1,242	9.76
2007 年	14,298	3.13	7,746	1.30	361	3.23	2,884	2.75	3,668	7.30	1,292	11.41
2008 年	16,511	3.04	8,972	1.28	334	3.77	3,296	2.81	4,243	6.94	1,457	10.49
2009 年	19,892	2.58	11,518	1.20	313	4.03	3,662	3.12	4,712	5.55	1,585	10.09
2010 年	20,983	3.07	12,655	1.42	288	4.41	3,632	3.94	4,696	6.86	1,609	11.91
2011 年	15,054	5.12	8,338	2.71	240	6.56	2,961	5.77	3,755	9.95	1,209	18.09

（出所）　図表 1-4 に同じ。

が同 3,393 社から 2,954 社へと急減している。しかも，台湾・香港・マカオを含む外資企業の 1 社当たり生産高は中国企業を上回っており，なかでも外国企業の生産規模が中国企業よりはるかに大きかった。

　ところが，2000 年代に入ると，中国の ICT 企業数は増大する方向に転じ，2010 年にピークを迎えた。しかしながら，同時期において外資企業数も上昇したことである。しかも，中国企業と外資企業との生産額の増え方は著しく異なった。中国企業は企業数を増大させながらも，1 社当たり生産高の低下をもたらし，中国企業の分散化と小規模化をもたらした。他方で，外資企業は，企業数を増大させたばかりか，生産規模を増大させ，その生産規模は中国企業と比較して大規模なものであった。

　しかしながら，図表 1-8 が示すように，こうした中でも，2000 年代半ば以降，とりわけ国有企業を中心に，中国 ICT 企業の集中化と大規模化が着実に進行し，その結果，2007 年以降の中国国有企業の 1 社当たり生産額は，外資企業の台湾・香港・マカオ企業を上回るようになった。そして産業別に見ると，コンピュータ企業の 1 企業当たり生産額は 1994 年の 0.44 億人民元から 2011 年の 18.09 億人民元に上昇し，その大規模化が目立った。この点を，さらに詳しく分析しよう。

2. 「ベスト 100 社」に見る中国 ICT 企業の寡占化

　「ベスト 100 社」とは，「中国電子信息百強企業（＝中国の電子情報最強企業百社）」の略称である。このランキングは，1987 年から電子情報産業の市場運営状況をモニタリングする行政機関によって毎年行われ，2013 年は 27 回目となっている。その統計対象となるのが中国企業及び中国側が過半数所有をする合弁・合作企業である。2007 年までの評価基準は売上高という単一基準であったが，2008 年から，売上高に利益率・債務償還能力など経営能力を評価する指標，そして研究開発投資，特許取得件数など R&D 能力を評価する指標を加えて加重平均計算をする複合的な評価基準となっている。かくして，このランキングは評価基準の一貫性に欠け，データ・資料の開示も十分でないが，中国 ICT 企業のトップ企業群に関する唯一の公的資料である。そこで，この資料を用いて 2000 年代に進行した中国のグローバル ICT 産業における寡占化の傾

第1章　レノボ社はいかに国際競争力を獲得したか　　*15*

図表 1-9　ベスト 100 社にみる中国 ICT 寡占企業の概要

（単位：億人民元）

項目		1999 年	2004 年	2005 年	2007 年	2009 年	2011 年
ベスト 100 社における国有企業数（社）		65	48				
売上高	ベスト 100 社の合計	3,040	8,158	9,643	12,716	12,342	17,615
	ベスト 100 社対 ICT 産業全体	71%	30.7%	25.1%	22.7%	24.0%	24.0%
利益	ベスト 100 社の合計	185	332	248	503	633	884
	ベスト 100 社対 ICT 産業全体	92.5%	29.6%	19%	24%	35%	27%
平均利益率	ベスト 100 社	6.0%	4.1%	n.a.	n.a.	5.1%	5.0%
	ICT 産業全体	n.a.	4.2%	n.a.	n.a.	3.5%	4.4%
生産台数の比：ベスト 100 社対 ICT 企業全体	カラーテレビ	n.a.	n.a.	81.0%	n.a.	54.0%	64.1%
	デジタル電話交換台	n.a.	n.a.	49.1%	n.a.	61.6%	n.a.
	携帯端末	n.a.	n.a.	n.a.	n.a.	20.0%	21.8%
	パソコン	n.a.	n.a.	20.6%	n.a.	n.a.	8.7%
	IC	n.a.	n.a.	n.a.	n.a.	58.0%	33.8%
従業員数（人）		n.a.	75,400	93,600	n.a.	211,000	276,000
	対全従業員数の割合	n.a.	8.90%	9.60%	n.a.	18.10%	19.60%
R&D 投資額		n.a.	311	356	492	611	868
	対売上高比率	n.a.	3.8%	3.7%	3.9%	4.9%	4.9%
	ICT 産業平均	n.a.	3.1%	2.1%	1.8%	2.9%	2.9%
特許数（件）		n.a.	17,463	n.a.	38,656	60,000+	100,000
	うち発明件数	n.a.	5,200 件 +	n.a.	n.a.	29,000+	52,000
	発明の比率	n.a.	30% 近く	n.a.	30% 余り	半分近く	52%
	国際 PCT 特許数	n.a.	ファーウェイ社の国内と海外における特許は 5,820 件に達し，うち 6 割が発明	ファーウェイ社 249 件で世界 37 位に（シスコは 212 件で 44 位）	ファーウェイ社の国際 PCT 申請数 1,544 件で，世界 4 位に	ファーウェイ社 1,847 件で 2 位に，ZTE 社 1 位	ZTE 社 2,826 件で 1 位に，ファーウェイ社 1,831 件で 3 位

（出所）　『中国電子工業年鑑』2000 年版，『中国信息産業年鑑』2005 年版，『中国信息産業年鑑・電子巻』
2006～2008 年版，『中国信息産業年鑑』2009～2012 年版より作成。

向を分析しよう。

　図表 1-9 は，いくつかの代表的年度におけるベスト 100 社の概要をまとめたものである。中国の WTO 加盟前の 1999 年において，ベスト 100 社の売上高合計はわずか 3,040 億人民元にすぎなかったが，ベスト 100 社の売上高合計は

16　第 I 部　中国 ICT 企業はいかに国際競争力を獲得したか

ICT 製造業の 7 割，彼らの利益額の合計は全 ICT 製造業の 9 割超を占め，ICT 寡占企業への売上高集中度，利益集中度が高かった。

　しかし，WTO 加盟後の 2000 年代前半になると国際競争が激しくなった結果，2005 年におけるベスト 100 社の売上高合計は ICT 産業全体の 25％，利益額はそれを下回った 19％に低下した。まさに，外資系 ICT 企業の本格的進出とグローバル競争は，中国のグローバル ICT 寡占企業の売上高と利益額をともに低下させた。

　ところが，2000 年代後半に入ると，逆転が始まった。2009 年におけるベスト 100 社の売上合計は ICT 産業全体の 24％を占め，前の 2005 年と比べて大きな変化はなかったものの，利益額の占める割合は 35％と上昇したのである。すなわち，中国の上位 ICT 企業が国内企業と外資系企業との激しい競争環境に置かれるなかで，2000 年代後半になると，少数のグローバル ICT 寡占企業が利益額を高めたのである。

　図表 1-10 は，図表 1-9 と同じ年度におけるベスト 100 社の中の上位 10 社をリストアップしている。この表が示すように，2000 年以降レノボ社は，通信機器系メーカーのファーウェイ，総合家電系メーカーのハイアールとともにほ

図表 1-10　中国 ICT 産業における寡占企業上位 10 社

（単位：億人民元）

順位	1999 年	2004 年	2005 年	2007 年	2009 年	2011 年
1	レノボ（聯想）	ハイアール	レノボ（聯想）	ファーウェイ	ファーウェイ	ファーウェイ
2	上海広電	京東方	ハイアール	ハイアール	ハイアール	レノボ（聯想）
3	TCL	TCL	京東方	方正	レノボ（聯想）	ハイアール
4	康佳	レノボ（聯想）	TCL	ZTE	ZTE	ZTE
5	長虹	上海広電	ファーウェイ	美的	ハイセンス	長城
6	長城	ファーウェイ	美的	レノボ（聯想）	方正	ハイセンス
7	北京郵電通信設備	美的	ハイセンス	ハイセンス	TCL	長虹
8	ハイセンス	パンダ電子	上海広電	BYD	BYD	TCL
9	パンダ	ハイセンス	パンダ	長虹	長虹	方正
10	ファーウェイ	ZTE	方正	上海ベル・アルカテル	長城	BYD

（出所）　図表 1-9 に同じ。

ぼトップ3の座を占め，中国のICT産業を代表するグローバル寡占企業となっている。

レノボ社は，2005年5月にIBM社のPC事業を買収し，「Think Pad」を含むPC部門のすべてを継承した。2011年にレノボ社はさらにNECとの間で事業提携を実施した。この2度にわたるレノボ社のグローバルな事業買収と事業提携が，レノボ社をグローバル企業へと変身させ，グローバルな競争優位を獲得させることとなった。次節では，こうした一連の事業買収と提携がレノボのグローバルな競争優位にどのように結実したのかを分析し，中国パソコン企業のグローバルな競争優位の内実を明らかにする。

第4節　レノボ社のグローバルな競争優位

1. レノボ社の概要

レノボ（Lenovo）社は，1984年に中国科学院計算技術研究所のスピンオフとして同所の研究員11人によって創立された。設立当時彼らは，高度な経営自主権だけでなく，20万人民元の起業資金と計算技術研究所が所有していた知的財産や人的資源などへのアクセス権も与えられていた。これらをベースにして，レノボ社はカラーテレビの卸売，コンピュータの検収，教育訓練，修理などサービスの提供を経て，ついに稼いだ資金を中国語入力用アドオン・カードの開発に投入して成功を収めた。それ以降，同社は香港にある町工場を買収してマザーボードの開発・製造に乗り出した。レノボ社は，1990年に自社ブランドパソコンの開発・販売を開始し，1996年になると，中国PC市場の最大手となった。そしてそれ以降今日にいたるまで，ずっとこの地位を保ってきた。今日では，ヒューレット・パッカード（HP）社を抜いて世界PC市場シェアの1位の座に就いている。2013年3月末時点で同社は，グローバル範囲で35,026人の従業員を持っている[5]。

レノボ社は，2005年5月にIBM社のPC事業を17.5億米ドルで買収し，「Think Pad」を含むPC部門のすべてを継承した。2011年7月にレノボ社はNEC社と日本国内のPC事業を統合した。レノボは同月にはまた，ドイツの

電子大手メディオン権益の52%を4.19億ユーロで買収した。ところでレノボ社は，主要業務であるPC分野以外に，携帯端末事業にも注力し，スマートフォン，タブレットPC，スマートテレビなどいわゆるスマート端末や家庭用ゲーム機も開発・販売するなど，事業の多角化を志向している。

　レノボ社は1994年に香港証券取引市場に上場し，現在の筆頭株主は聯想ホールディングスである（32.3%）。レノボの母体である中国科学院の国有資産管理有限公司は聯想ホールディングス株の36%を握っており，その筆頭株主である。つまり，聯想は国有企業である。ただし，設立当初からレノボ社は十分な経営自主権を与えられてきた。そのために「国有民営」企業であると見なされてきた。

2. レノボ社のコスト・リーダーシップ戦略による競争優位（IBM・PC買収以前）

　レノボの競争力は，主に ① より迅速かつより的確に世界標準に則る戦略を取ったことと，② マーケティング優位を指向したこと，そして，③ それらを支えた柔軟な組織戦略を取ったことにある，と言われている[6]。しかしながら，レノボ社は，その発展段階において必要とする競争優位を身につけてきた。そこで，レノボ社の発展段階に沿って，その競争優位の内実である，コスト競争優位を分析しよう。

　レノボ社の発展は，概ね次のような4つの段階を経てきた。

　第1段階は1984年の設立から1990年に自社ブランドPCを発売するまでの時期である。この段階においてレノボ社に競争優位をもたらしたのは，主に次のような4つの要因であると考えられる。すなわち，① ASTなど海外ブランドPCの代理販売をつうじて身に付けたマーケティングの意識と能力，② 計算技術研究所の技術者をリクルートし，彼らを通じた技術移転を生かして，中国語入力カードの商品化に成功したこと，③ 香港聯想を設立し，これにより香港の情報の獲得や貿易に関する特殊的な地位を利用できるようになったこと，④ 香港QDI社の買収により，自社の製造能力を形成し始めたこと，である。すなわち，この段階では，レノボ社がマーケティング能力だけではなく，同時にPCと密接に関連する中国語処理技術において，技術的優位に立っており，そして中国語漢字処理アドオンカードとマザーボードの生産体制を構築し

ていたのである[7]。

第2段階は1990年から1996年にレノボが中国PC市場のトップ・メーカーとなるまでの時期である。この時期におけるレノボ社の競争力は，現任会長である楊元慶の話を借りていえば，主に，国際潮流へのフォロー，ノーブランドPCに対抗できる低価格で品質保証のあるパソコンの製造能力，代理販売専門店という独特な流通チャンネルの構築，そして業務用および消費者向け中国語アプリケーションの提供，にある[8]。

これを支えるのが，まず海外調達ネットワークの構築である。この時期のレノボ社はすでに数十社の海外大手PC部品メーカーと取引関係を結び，部品調達の品質・コスト・時間の面においては，海外の大手PCメーカーと同じプラットフォームに立っている。この上にさらに，研究開発者と労働者の安さを加えると，コスト的な優位につながったのである。

次に，レノボは1994年にPC事業部を設立し，MIS（経営情報システム）とMRP（Material Requirements Planning，資材所要量計画）IIを導入して，内部管理の正規化と効率化を図った。その結果，1996年にレノボ社の資金循環スピードは，1992年に比べると2.5倍速くなった。また，レノボ社は1996年にISO9001認証に合格した[9]。

第3段階は1996年から2005年のIBM・PC部門買収に至るまでである。この時期におけるレノボ社のライバルは国内外のPCメーカーである。コスト・リーダーシップの不可欠な条件であるグローバル・サプライチェーン・マネジメントを含む内部管理能力や製品・サービスを差別化する開発力が必要となった。レノボは1998年までに古い経営情報システム（MIS）を使っていた。ところが，この時期になるとレノボは，旧システムの統合度が低い，そしてリアルタイムではない，旧システムの情報処理能力が拡大したニーズに追いつかない，などの問題に直面していた。これらの課題を解決するために，レノボは，ドイツの大手ソフトウェア・ベンダーであるSAP社と，世界最大的会計事務所であるデロイト・トウシュ・トーマツ（Deloitte Touche Tohmatsu）の支援を受けてERP（Enterprise Resource Planning，企業資源計画）システムを導入し，図表1-11の示すとおり，大きな成果を得た。

ところがレノボは，経営効率の向上にともなう低コスト化，販売力強化には

20　第 I 部　中国 ICT 企業はいかに国際競争力を獲得したか

成功したが，製品の差別化はできず，図表 1-12 に見るように，国内ライバル
との差が縮小した。ライバル企業の方正，同方が，中国 PC 市場におけるマー
ケット・シェアを拡大していた。

図表 1-11　レノボ社における ERP システム導入による経営効率向上

平均納品日数：11 日から 5.7 日へ，
売掛金回収日数：23 日から 15 日へ
1 人あたりの毎日注文処理件数：13 件から 314 件へ
社内帳票処理日数：30 日から 6 日へ
注文書処理所要時間：75 時間から 58 時間へ
財務報告表作成所要日数：30 日から 12 日へ

（出所）　安（2002）を基に作成。

図表 1-12　中国 PC 市場における市場シェア上位寡占企業（2000 ～ 2004 年）

	2000 年		2001 年		2002 年		2003 年		2004 年	
1 位	聯想	26.4%	聯想	27.5%	聯想	27.3%	聯想	27.0%	聯想	26.3%
2 位	方正	8.4%	方正	8.9%	方正	9.1%	方正	10.7%	方正	11.5%
3 位	IBM	4.8%	IBM	4.2%	デル	5.0%	同方	7.1%	同方	7.5%
4 位	デル	2.9%	デル	3.9%	同方	4.9%	デル	6.9%	デル	7.5%
5 位	同方	1.5%	同方	3.8%	IBM	4.6%	IBM	4.8%	IBM	5.3%
合計		44.0%		48.3%		50.9%		56.5%		58.1%

（出所）　レノボ社の年次報告書各年版より作成。

　第 4 段階は 2005 年 IBM・PC 事業部門の買収後に，多国籍企業へと変身を
遂げ，現在に至る時期である。レノボ社が IBM の PC 事業部門の買収に乗り
出したのは，方正など中国国内のメーカーやデルなどアメリカのメーカーに対
する競争優位を確保するためであったが，この事業買収により，結果的にレノ
ボは多国籍企業へと変身したのである。
　以上のように，レノボ社は，第 1 段階では，香港を部品輸入・製品輸入の拠
点，深圳を製造拠点として利用してきた。第 2 段階では，部品の海外調達ネッ
トワークの構築と社内経営管理の情報化・効率化を進め，第 3・4 段階では，
グローバル・サプライチェーンの構築と経営管理能力の高度化への取組みをつ
うじて，それぞれの段階におけるコスト競争優位を実現してきたのである。こ

うしたレノボ社の一貫したコスト・リーダーシップ戦略こそが，レノボ社の競争優位の源泉である。

3. PC 事業買収によるグローバルな競争優位

　本項では，レノボ社が IBM・PC 買収により，いかにグローバルな競争優位を確保したのか，を分析することが課題である。

　まず，図表 1-13 でレノボ社売上高の推移を見てみると，2005 年の買収を経てレノボ社の売上高は 26 億米ドルから 126 億米ドルに急拡大した。そして，2011 年に実施した NEC との提携後も，売上高に大きな上昇があった。レノボの発展にとって，この 2 度にわたる事業買収が，極めて大きな役割を果たした。

　もちろん，こうした大規模な事業買収と事業提携が，売上げ規模の拡大につながったのは，レノボの製造能力やサプライチェーン・マネジメント能力，研究開発能力，マーケティング能力が規模拡大に応えることができるようマネジメント能力がうまく機能したからである。

図表 1-13　レノボ（聯想）社売上高の推移（1997 ～ 2013）

(単位：億米ドル)

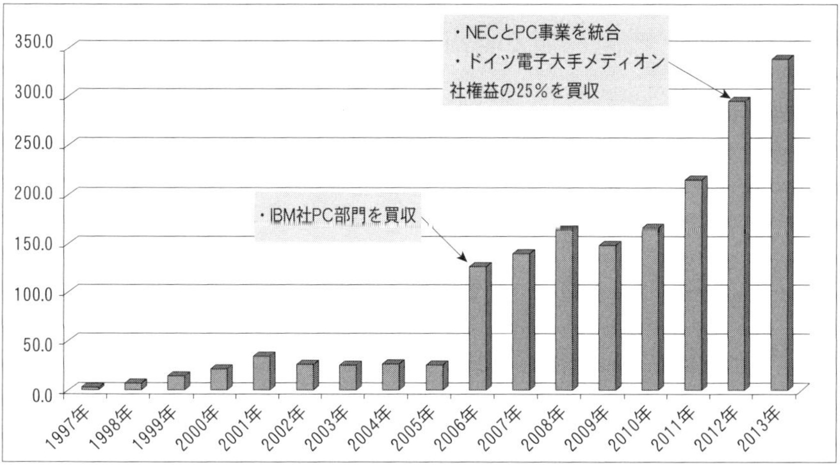

注：各年度の値は当年度 3 月末日時点までのものである。
（出所）　レノボ社年次報告書各年版より作成。

また，レノボの2度にわたる事業買収により，研究開発能力を著しく高めることになった。レノボ社は事業買収を通じて日本の大和，アメリカのノースカロライナ州にあった IBM の R&D センターを手に入れた。そして，事業買収以降レノボは，研究開発投資を大幅に増大した（図表 1-14）。レノボのこの研究開発投資は，ノート型 PC 部門やデスクトップ型 PC 部門に関連しており，この部門の研究開発能力を高めることとなった。さらに，NEC との事業統合による研究開発力は，タブレット PC，スマートフォンなど新しい分野への研究開発投資を可能とした。これらの結果として，レノボは ThinkPad のシェア率を維持できた。買収後のレノボは，CES などで多くの賞を受賞した。

こうして，2度にわたる事業買収・事業提携の結果，レノボは海外売上高の

図表 1-14　レノボ社における R&D 投資の推移

（出所）　レノボ社年次報告書各年版より作成。

図表 1-15　主要製品の売上高に占める割合

	05 年	06 年	07 年	08 年	09 年	10 年	11 年	12 年	13 年
ノート型パソコン	14%	49%	55%	58%	58%	63%	60%	57%	53%
デスク型パソコン	68%	45%	44%	41%	40%	35%	34%	33%	31%
モバイル	10%	4%	—	—	—	—	4%	5%	9%
その他	9%	2%	1%	1%	2%	2%	2%	5%	7%

（出所）　レノボ社年次報告書各年版より作成。

比重を高め、文字どおり、多国籍企業へと変身した。IBM・PC事業買収の結果、2005年レノボの収入構造は、中国国内収入が36％、南北アメリカ30％とヨーロッパ・中東・アフリカ地域21％の先進国市場合計で51％、アジア太平洋の新興国市場が13％を占めることとなった（図表1-16）。このグローバルな収入構造は、NECとの事業提携後も大きく変わっていない。しかしながら、

図表1-16　地域別売上高比率

	06年	07年	08年	09年	10年	11年	12年	13年
グレーター・チャイナ	36%	36%	37%					
南北アメリカ	30%	29%	28%					
欧州・中東・アフリカ	21%	22%	22%					
アジア太平洋	13%	13%	13%					
中国				42%	48%	46%	42%	
成熟市場				42%	37%	36%	42%	
中国以外の新興市場				16%	15%	18%	16%	
中国							43%	43%
アジアパシフィック ラテンアメリカ							21%	20%
欧州・中東・アフリカ							21%	22%
北米							15%	15%

（出所）レノボ社年次報告書各年版より作成。

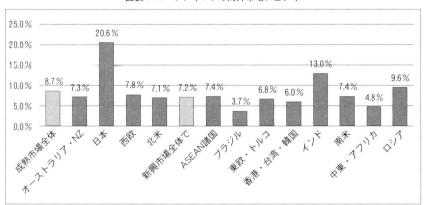

図表1-17　レノボPCの海外市場シェア率

（出所）レノボ社年次報告書各年版より作成。

レノボのIBM・PC買収が，いかなるグローバルな競争優位を確保したのか，はまだ明らかではない。項を改めて分析しよう。

4. レノボ社の戦略的資産の獲得の意味

　レノボのIBM・PC事業部門の買収は，「戦略的資産の獲得のため」という評価が与えられており，それは同時に「技術導入」という評価が与えられている（丸川［2008］）。しかしながら，それは，如何なる意味で「戦略的」であるのか。IBM・PC事業部門の買収は，先進国市場への進出を目的とした投資ではなく，新興国市場としての中国国内市場での競争優位を獲得するための投資であった。この意味で戦略的なのである。つまり，新興国市場の中国国内市場におけるライバル企業である中国パソコン企業や外資系パソコン企業に対する競争優位を獲得するためのものであった。実際に，図表1-18に見るように，中国国内のパソコン市場におけるレノボのマーケット・シェアが増大したことに加えて，図表1-19で確認できるとおり，レノボ社は，中国国内の地域別利益額を増大させている。中国国内市場こそが，レノボ社の利益源泉である。

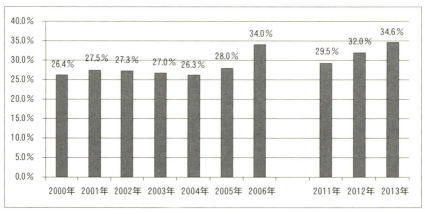

図表1-18　レノボの中国パソコン市場におけるシェア率の推移

（出所）　レノボ社年次報告書各年版より作成。

　確かに，レノボのIBM・PC事業部門の買収は，図表1-16が示すように，レノボの売上高に占める先進国市場の割合を2012年以降42％以上に高めてい

る。しかしながら，レノボの地域別利益額を見ると，先進国市場は赤字であり，黒字へ転換するのは，2011年のことである。また中川（2008）が指摘するように，2000年代はじめのレノボ社の先進国市場への進出は，ことごとく失敗におわる。これに対して，新興国市場としての中国国内市場は，黒字であり，黒字額も安定して増大している。しかもこの中国国内市場の利益額が，中国以外の新興国市場戦略，先進国市場戦略の原資となる。中国国内市場こそは，レノボ社の海外事業展開にとって戦略的事業部門である（図表1-19）。

図表 1-19　地域別利益額

	2009	2010	2011	2012
中国	378	444	435	552
中国以外の新興市場	△ 107	△ 97	△ 62	△ 95
成熟市場	△ 137	△ 66	134	353
合計	134	281	507	811

（出所）　レノボ社年次報告書各年版より作成。

　この意味において，レノボのIBM・PC事業部門の買収は，戦略的であり，新興国市場としての中国のみならず，その他の新興国市場への進出の足がかりとなる戦略的な投資である。かかる意味において，それは，「後進市場の開拓」のための戦略的投資でもある。

第5節　おわりに

　これまで見てきたように，レノボの2005年のIBM・PC事業部門の買収は，「戦略的資産の獲得のため」の買収であり，対外直接投資であった。しかしながら，この「戦略的資産の獲得」は，先進国市場への進出を目的とするよりは，新興国市場としての国内市場，さらには，中国と同じ新興国市場の特質を持つ他の新興国での競争優位の獲得のために行われたのである。レノボが実施した，「戦略的資産の獲得」は，これら新興国市場での技術的な競争優位の獲得＝「後進市場の開拓」のための，対外直接投資であった。

26　第Ⅰ部　中国 ICT 企業はいかに国際競争力を獲得したか

　この意味で，この買収は，「戦略的資産の獲得」と「後進市場の開拓」のための，対外直接投資であったと評価できる。同時に，これは，新興国多国籍企業の対外直接投資の推進動機として評価できる。

　しかしながら，この新興国の多国籍企業の対外直接投資の推進動機は，スティーブン・ハイマーらが主張する先進国の多国籍企業の海外進出の推進動機とは，異なるものである。この違いを認識することは，多国籍企業の進出動機の認識にとって極めて重要である。スティーブン・ハイマーの「企業特殊的優位説」によれば，先進国の多国籍企業が技術的な優位性を獲得するのは，ほかの先進国市場へ進出するためであった。他の先進国市場で活動する多国籍企業とグローバル競争上，技術的な優位性を確保することが必要であったからである。先進国の多国籍企業が目的とするのは，自国市場や本国市場以外の先進国市場であったのである。

　かかる意味において，中国のパソコン企業レノボ社の IBM・PC 事業部門の買収という対外直接投資の事例は，新興国市場で台頭するグローバル寡占企業が多国籍企業化する際の技術的な競争優位の獲得事例を示しているのである。

〈注〉
1　『中国統計年鑑』2012 年オンライン版。
2　『中国信息産業年鑑』2012 年版。
3　中川（2007），陸（2011）を参照。
4　『中国電子工業年鑑』1994 年，Ⅰ-10，Ⅰ-11 頁。
5　丸川（2004），陸（2011），レノボのホームページを参照。
6　中川（2008），88 頁。
7　詳しくは，陸（2011）（2013）を参照。
8　李正子（1994）。
9　「1996 年聯想成功的原因」『中国高新技術企業評価』1997 年第 3 号，45-46 頁。

〈参考文献〉
Bremmer, Ian A. (2011) *The End of the Free Market : Who Wins the War Between States and Corporations?*, Portfolio Trade.（有賀裕子訳［2011］『自由市場の終焉：国家資本主義とどう闘うか』日本経済新聞出版社。）
Buckley, Peter J., Jeremy Clegg, Adam R. Cross and Xin Liu (2007) "The determinants of Chinese outward foreign direct investment", *Journal of International Business Studies*, 38, pp.499-518.
Hymer, Steven (1972) "Is the Multinational Corporation Doomed ? ", *Innovation*, No. 28.（宮崎義一訳［1979］『多国籍企業論』岩波書店。）
OECD (2008) *OECD Information Technology Outlook*.

OECD（2010）*OECD Information Technology Outlook.*

OECD（2012）*OECD Internet Economy Outlook 2012.*

Peter J. Williamson, Ravi Ramamurti, Afonso Floury and Maria Tereza Leme Floury, eds., (2013) *The Competitive Advantage of Emerging Multinationals,* Cambridge University Press.

天野倫文・大木博巳編著（2007）『中国企業の国際化戦略―「走出去」政策と主要7社の新興市場開拓』ジェトロ。

今井理之編著（2004）『成長する中国企業　その脅威と限界』国際貿易投資研究所。

清水顕司（2007）「聯想（レノボ）」天野・大木編著（2007）所収, 205-221頁。

関満博（1996）『中国開放政策と日本企業』新評論。

中川涼司（2000）『国際経営戦略：日中電子企業のグローバルベース化』ミネルヴァ書房。

中川涼司（2007）『中国のIT産業』ミネルヴァ書房。

中川涼司（2008）「華為技術（ファーウェイ）と聯想集団（レノボ）―多国籍化における2つのプロセス」丸川・中川編著（2008）所収。

夏目啓二編著（2010）『アジアICT企業の競争力』ミネルヴァ書房。

丸川知雄（2004）「聯想集団」今井編著（2004）所収。

丸川知雄編（2000）『移行期中国の産業政策』日本貿易振興会アジア経済研究所。

丸川知雄・中川涼司編著（2008）『中国発・多国籍企業』同友館。

丸川知雄（2008）「中国発・多国籍企業」丸川・中川編著（2008）所収。

陸云江（2011）「パソコンでの中国語情報処理における技術進歩と技術移転：「技術者を通じた技術移転」の視点からの一考察」『龍谷大学経営学論集』第50巻第4号, 2011年3月, 121-136頁。

陸云江（2013）『中国IT産業における技術進歩と技術移転：「技術者を通じた技術移転」の視点からの考察』博士学位論文（龍谷大学, http://repo.lib.ryukoku.ac.jp/jspui/bitstream/10519/4846/1/dk_165_001.pdf）。

安迪（2002）「台前幕後―講述聯想, SAP和德勤（デロイト・トウシュ・トーマツ, Deloitte Touche Tohmatsu, DTTと略す）的ERP故事」『軟件世界』2002年第1号, 64-69頁。

周明剣（2009）『中国大収購』石油工業出版社。

陳宇峰（2005）『三星韓国造』企業管理出版社。

馮禹丁（2007）「聯想供応鏈整合：最複雑的問答題」（聯想のサプライチェーン統合：最も複雑な質問）『商務週刊』2007年2月5-20日, 85-87頁。

黄秋艶（2008）「聯想全球征途遭遇『供応鏈拖油瓶』」『上海信息化』2008年第5号, 51-53頁。

姜美芝（2012）『聯想你看不懂（分かりにくいレノボ）』広東経済出版社。

李国剛（2009）『聯想密碼』中信出版社。

李国剛・許明華（2010）『聯想併購以後（IBM・PC買収以降のレノボ）』北京大学出版社。

李建立（2004）『聯想再造』中国発展出版社。

李正子（1994）「瞄準進口名牌微機, 聯想推行全新策略」『電子産品世界』1994年第8号, 25-26頁。

羅小衛（2007）「『戴爾帮』涌入聯想, PC角力昇級」『財経時報』2007年3月5日第C04面。

王永興（2001）『哈佛（ハーバード）MBA中国経典案例――哈佛視野中的聯想集団』国際文化出版公司。

王志楽編（1998）『日本企業在中国的投資』中国経済出版社。

――（1999）『美国企業在中国的投資』中国経済出版社。

――（2003）『2003跨国公司在中国報告』中国経済出版社。

――（2004）『2004跨国公司在中国報告』中国経済出版社。

――（2005）『2005跨国公司在中国報告』中国経済出版社。

――（2006）『2006跨国公司在中国報告』中国経済出版社。

蔚海燕・衛軍朝（2012）「併購対企業技術能力的影響研究――聯想IBM併購案的専利信息分析」『情

報雑誌』2012 年第 5 号，107-110 頁。

呉威（2005）「柳伝志：聯想収購 IBM PC 内幕」（Liu Chuanzhi : the dope of Lenovo purchasing the PC division of IBM）『招商週刊』2005 年第 47 号，45-46 頁。

閏雪・彭愛東等（2009）「専利引文分析在企業競争力研究中的応用——以聯想集団為例」『情報理論与実践』（企業競争力研究における特許引用文献分析の応用——レノボ・グループを一例として）2009 年第 1 号，76-79 頁。

楊継縄（1999）『鄧小平時代』三聯書店（香港）有限公司。

于明・樊叡（2011）「聯想併購難獲益」『中国経済与信息化』2011 年第 5 号（3 月 10 日），70 頁。

張紅・王頴・藍海林（2011）「製造商主導的物流資源整合策略研究——以聯想集団為例」『科技管理研究』2011 年第 8 号，186-190 頁。

趙小明（2011）「聯想的質量問題：従予防走向創新——訪聯想集団産品質量与標準部質量体系与運営総監劉微」『中国品牌与防偽』（予防的なものから革新へと進化したレノボ社の品質管理——レノボ・グループ製品品質とスタンダード部，品質保証システム及び運営を担当する副部長劉微さんへの訪問記録）2011 年第 9 号，52-53 頁。

中国現代企業文化研究会編（2002）『中国領先企業金皮書：聯想的核心経営』中国档案出版社。

『中国電子工業年鑑』1993 ～ 2004 年，電子工業出版社。

『中国信息産業年鑑』2005 年，2009 ～ 2012 年，電子工業出版社。

『中国信息産業年鑑電子巻』2006 ～ 2008 年，電子工業出版社。

レノボ（聯想）社アニュアルレポート 2000/01 ～ 2012/13 各年版。

第2章

ファーウェイ社はいかに国際競争力を獲得したか

第1節　はじめに

　21世紀になると，新興国の経済成長とともに，新興国発多国籍企業が台頭する。なかでも，中国企業のグローバル寡占化が注目されている。ここでのグローバル寡占企業とは，貿易と投資が自由化した産業で事業活動する企業が大規模化し，寡占化した企業のことである（夏目［2014］，6頁）。

　中国のグローバル寡占企業のほとんどが重化学工業分野の国有（国営）企業で占める。このため，中国経済は「国家資本が支配する経済」（中屋［2014］）とか，「国家資本主義」（Bremmer, Ian A.［2010］）と特徴づけられている。しかも，これら中国の国有企業は多国籍企業化し始めている。中国の国有企業は，なぜ多国籍企業化しはじめたのか，新興国多国籍企業とはなにか，が論じられている。

　丸川・中川編著（2008）は，「中国発多国籍企業」論を展開した本格的な研究成果である。丸川は同書の第1章において，通信機器メーカー，ファーウェイの海外進出は「後進市場の開拓」のためだ，との仮説を提示している。すなわち，ファーウェイが後進市場に進出しえたのは，後進市場における先進国企業および現地企業に対して相対的な優位性を持っているからだと指摘している。また，ファーウェイをはじめ，中国企業が中国という低所得市場で育ってきたがために，低所得者市場に適した技術を発展させているからだ，という仮説を提示している。

　ところで，ファーウェイ社の先行研究は，市場戦略（陳［2007］），ビジネスモデル（酒向［2007］），そして国際化のプロセス（中川［2012］，劉［2014］）を解明してきたものの，丸川・中川仮説（丸川・中川編著［2008］）を論証

し，実証したわけではない。そこで本章の目的は，この丸川・中川仮説を検証し，検討・吟味することにある。そのことは，同時に，中国の通信機器企業ファーウェイの国際競争力を解明することでもある。

第2節　中国通信機器製造業の急速な発展

1. 中国における電気通信サービス業の発展

　中国の電気通信事業は極めて脆弱な基盤からスタートした。現在の共産党政権が1949年に旧国民党政権から引き継いだ通信インフラは，電話回線約31万回線（うち自動化回線20万回線）しかなかった。電話サービスのカバー率は中国全県の3分の1程度しかなく，自動化された電話サービスがまったく行われていない省（直轄市・自治区）は半数に及んだ。また，全国的な通信網が整備されていなかったため，長距離通信は無線短波に頼らざるを得なかった。大多数の村落には通信インフラがなく，かろうじてある数少ない回線は，そのほとんどが地域の軍隊用であった[1]。図表2-1に示されるように，1949年の電話契約者数はわずか22万弱であり，電話普及率は0.04回線／百人にすぎなかっ

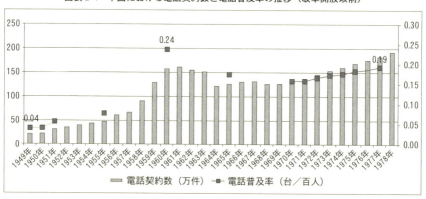

図表2-1　中国における電話契約数と電話普及率の推移（改革開放以前）

注：電話普及率は，電話契約者数÷人口数で算出したものである。
（出所）電話契約数は，中国国家統計局編（1982），291頁，人口数は，中国統計年鑑2013年オンライン版。

た。

　1949 年から 1978 年まで，言わば改革開放以前の中国では，計画経済体制が採用され，電気通信は主に党，行政，軍隊の中央から地方への命令伝達と下層組織から上層部への報告用に使われていた[2]。計画経済と政治上の中央集権の下では，双方向のコミュニケーションよりも重要となったのが命令・情報の下層部ないし国民への伝達・周知であった。政治的な目的のための情報伝達手段として，ラジオや映画，新聞，大判壁新聞など（70 年代以降はテレビ）があったがために，当局が重要と判断するニュースと政策を国民に知らせるうえで，電話の不足はなんら障害にはならなかった[3]。かくして，共産党政権にとって電気通信は最優先事項ではなかった。このことは，設備投資額で確認できる。改革開放以前の 30 年間を通して行われた電気通信インフラ建設投資の総額はわずか 36.5 億元にすぎず，ほとんどすべての年において，電気通信の年間投資額は国内投資総額の 1% にも及んでいなかった[4]。その結果，1978 年時点で 9 億の人口を有する中国大陸は電話交換機容量 406 万門（うち自動交換機 116 万門），電話機 369 万台しか持っていなかった。この数は 400 万人口の香港を下回るレベルにあった。電話普及率でみれば，1978 年中国の電話普及率はわずか 0.38 台 / 百人であり，世界平均の 10 分の 1 にも及ばないレベルであった[5]。

　技術の面で見れば，1980 年代初頭における先進国の電気通信技術はすでにプログラム制御式交換，光ファイバー・衛星伝送の時代に突入しているが，同時期の中国の通信設備は 1940 ～ 50 年代の技術水準に止まり，大幅な遅れをとっていた。プログラム制御式交換機の使用を 1 例にとってみよう。先進国では，1970 年代に入るとプログラム制御式交換機は使用され始めたが，中国における使用は，改革開放が始まっている 1980 年代の初頭になっても皆無に近い状況であった[6]。

　こうしたなかで中国政府は，国内における経済の活性化と中国進出を計画する外資の電気通信への需要とに応えるべく，産業政策の調整に着手した。政府はまず 1979 年から 1993 年にかけて，電気通信の設備投資を加速するために，電気通信サービスの価格・収入配分政策，固定資産の減価償却の方法などに関する政策調整をおこなった。次に，競争導入の観点から，1994 年に郵電部の

32　第Ⅰ部　中国 ICT 企業はいかに国際競争力を獲得したか

図表 2-2　中国電気通信産業における規制緩和と競争の導入

	時　間	規制措置	主要内容	結果・問題点
①	1998 年	行政と企業機能の分離	郵便と電気通信事業の分離と独立採算，信息産業部（情報産業省）の設立，電気通信事業への参入規制が緩和される。	行政と企業機能の分離が競争局面の形成に前提条件を提供した。
②	1999 年	中国電信の分割	中国電信が中国電信，中国移動，中国衛星通信 3 社に分割され，無線呼び出し業務が中国聯通へ。中国電信の再編とその他電気通信の資源に対する再配置をつうじて，中国電信，中国聯通，中国網通，中国吉通，中国鉄通，中国衛星通信など 7 社が主力通信企業となった。	主要 7 社が競争するという局面が形成に至った。ところが，これらの企業は実は自社の得意分野の棲み分けをしており，同じ分野におけるライバル企業数の増加はなかった，そのため，有効な競争が形成されるには未だに至っていなかった。
③	2002 年	中国電信の再分割	南方 21 省と 7 割の長距離電話網が新・中国電信へ，残りの資産と中国網通，吉通が新・中国網通へ。	2002 年以降のこうした再編は，競争局面を形成させた。その後の電気通信産業は中国電信，中国網通，中国移動，中国聯通，中国衛星と鉄道通信等 6 社の基本電気通信業務キャリアと 4,000 余社の電気通信付加価値業務，無線呼び出しサービスを提供する企業が競合する市場となった。
④	2008 年	通信キャリアの再編を促す考え	中国電信による中国聯通 CDMA ネットワークの買収，聯通と網通の合併，衛星通信の基本サービスを中国電信に，鉄道通信の中国移動への合併などを提案。	

（出所）　幹春暉編（2008）33-36 頁，71-72 頁をもとに作成。

管轄外に設立された電気通信事業者「中国聯通」と「中国吉通」の電気通信事業への参入を承認した。しかしながら，電気通信事業は依然として郵電部（郵政・電気通信省）の管轄下にあり，郵電部傘下の中国電信が大半の電話資源を握っており，絶対的な優位にあったがために，事業者間の競争は極めて限定的な範囲とレベルに止まっていた[7]。

　こういった管理体制上の問題を解決するために，1998 年に情報と通信産業をまとめて管理する信息産業部（情報産業省）が設立され，電気通信事業は郵電部から情報産業省の管轄下に移管された。情報産業省は競争の導入をつうじて産業の発展を促進する方針で，図表 2-2 に示されているように，今日の競争局面が形成するまで改革・再編に取り組んできた。

　以上の結果としての改革開放後の中国電気通信サービス業の発展を概観してみると，1979 年から 1993 年まで中国政府の産業政策調整は，電気通信インフ

ラ建設と投資環境の整備を促進した。その上で，1993年以降の競争導入と拡大により，図表2-3に示されているように，中国の電気通信サービス業が離陸し始めた。また，2000年代以降になると移動通信技術の急速な発展により，携帯電話の普及率が急速に伸び，固定電話を上回るようになったことが確認できる。2011年現在，携帯電話は中国における電話普及率の80％を占めるに至っている。その結果，中国は世界最大規模の移動通信ネットワークを持つ国になっている。

　図表2-4は電気通信サービスを支える，改革開放後中国の電気通信能力の推移を示すものである。同表で，中国の電気通信能力の発展は非常に急速で，とくに1990年代以降の成長が目覚ましいということがうかがえる。

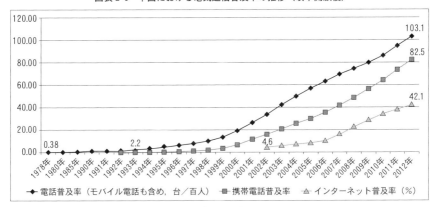

図表2-3　中国における電気通信普及率の推移（改革開放後）

（出所）　中華人民共和国国家統計局編（2013），605頁。

　このように，中国電気通信産業の総収入が1,530億米ドルに達し，世界の電気通信業の総収入の8.3％を占める巨大産業になっている（2011年の実績）[8]。

34 第Ⅰ部　中国ICT企業はいかに国際競争力を獲得したか

図表2-4　改革開放後の中国の電気通信能力

単位	長距離固定電話交換機容量	キャリー用交換機容量	移動通信用交換機容量	光ファイバ通信回路の長さ	うち長距離
	ライン	万台	万台	キロ	
1978年	1,863	406			
1980年	1,969	443			
1985年	11,522	613			
1990年	161,370	1,232	5		3,334
1991年	286,325	1,492	10		6,490
1992年	521,885	1,915	45		14,388
1993年	1,206,091	3,041	156		38,666
1994年	2,416,296	4,926	372		73,290
1995年	3,518,781	7,204	797		106,882
1996年	4,162,009	9,291	1,536		130,159
1997年	4,368,305	11,269	2,586	556,921	150,754
1998年	4,491,595	13,824	4,707	766,582	194,100
1999年	5,032,026	15,346	8,136	952,228	239,735
2000年	5,635,498	17,826	13,986	1,212,358	286,642
2001年	7,035,769	25,566	21,926	1,818,939	399,082
2002年	7,730,133	2,8657	27,400	2,252,564	487,684
2003年	10,610,724	3,5083	33,698	2,734,807	594,303
2004年	12,629,982	42,347	39,684	3,519,225	695,271
2005年	13,716,307	47,196	48,242	4,072,788	723,040
2006年	14,423,427	50,280	61,032	4,279,559	722,439
2007年	17,092,213	51,035	85,496	5,777,289	792,154
2008年	16,907,188	50,863	114,531	6,778,496	797,979
2009年	16,849,027	49,266	144,085	8,294,565	831,011
2010年	16,414,644	46,537	150,285	9,962,467	818,133
2011年	16,023,432	43,428	171,636	12,119,303	842,341

（出所）　図表2-3に同じ，604頁。

2.　中国通信機器製造業の発展

　中国における通信機器製造業の成立は1950年代に入ってからのことである。共産党政権が成立した1949年後半時点では，中国中の通信機器関連従業員はわずか4,000人しかおらず，しかも彼らは通信設備の製造ではなく，比較

的簡単な補修作業しかできなかった。ましてや部品の供給が自力でできず，輸入に依存した。こうしたなかで，中国政府は第1回5カ年計画期（1953～1957年）において，まず旧ソ連から包括的な技術導入を行い，ターン・キー工場などを通じて通信機器製造の必要な基盤を構築した。1960年代に入ると，中ソ間の国交断絶に伴って，技術導入が中止したが，中国政府はドイツなど西側と日本に通信機器の輸入を求めるようになり，60年代半ばに文化大革命が起きるまで，海外とのある程度での技術交流を保った[9]。ただし，前述したとおり，改革開放以前の中国にとって，通信は最優先な産業でないこと，そして投資不足などから，通信機器製造業も大きな発展ができなかった。

　80年代前半，中国の通信企業が製造できたのはユーザー向け小型交換機のみであった。当時，福州，上海など（経済が比較的発達している）沿海都市の電気通信キャリアが外資誘致のために先進的な電話網を建設する際，必要な電話交換機を輸入で調達した。その際，政府は輸入時の減・免税など優遇を提供し，通信事業者のインフラ建設を支援した。政府はまた，国内企業を育成することを目標に，技術貿易，中外合弁事業設立の奨励，外資による100％出資の承認，国内市場の開放に取り組んだ[10]。

　かくして，図表2-5に示されているように，80年代半ばから，郵電部傘下の企業を中心に外資との合弁がなされはじめた。合弁企業は，ほとんどの場合において外資側の既存技術（製品）を導入し，それを基に中国市場向けの交換機を開発・生産・販売した。多数の国籍のメーカーの多数のシステムが中国の交換機市場に併存する，いわば「7国8制」（7ヶ国の8つの交換システム）の

図表2-5　交換機産業における主な中外合弁企業

設立年	合弁企業	外資側	交換機の機種
1984	上海ベル	ベルギー・ベル社	S120電話交換機
1990	北京国際交換系統有限公司	ドイツ・シーメンス社	EWSD
1992	天津NEC	日本・NEC	NEAK－61
1993	青島AT&T	米・AT&T	No.5ESS
1994	江蘇富士通	日本・富士通	F150
1995	広東ノーテル	カナダ・ノーテルネットワークス	DMS100

（出所）　楊（2008），99頁に基づき筆者作成。

時代であった。

しかしながら，一方で，当時の中国の通信機器企業を代表するのは，謂わば「巨大中華」と呼ばれる企業たちであった。これらの企業は2つのルートから成立した。その1つは，90年代に郵電部がその傘下の洛陽電話設備廠など外資を導入しなかった主力工場と研究機関とを合併させ，巨竜，大唐など通信機器グループ企業に再編した，というルートである。もう1つは，1985年に設立された「国有民営」の中興通訊（ZTE）と1987年設立された民間企業華為（ファーウェイ）社がある。図表2-6に示されるように，デジタル電話交換機産業における中国企業の輸入代替（キャッチアップ）は，この「巨大中華」によって実現されたのである。

図表2-6 中国市場における電気通信キャリア用デジタル電話交換機市場シェア率の推移（％）

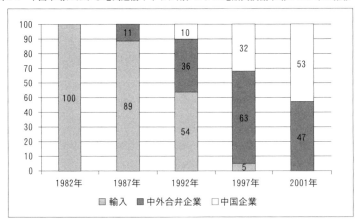

（出所）王琳（2009），32頁，原資料はZixiang, A.T.（2002）。

かくして，中国は外資の導入を通じて，外資の独立出資企業，中外合弁企業，中国企業が中国を世界の通信機器生産拠点に発展させたのである（図表2-7）。このように，「中国は通信機器の最もオープンな市場の1つ」で[11]，中国電気通信機器産業のグローバル市場化が早くから進んでいたが，他方で，電気通信製造企業を育成してきた。その結果，1990年代末までには中国の電気通信市場において，その製品の輸入から中外合弁企業，中国企業による製造へ

第2章　ファーウェイ社はいかに国際競争力を獲得したか　*37*

図表 2-7　主要電気通信機器生産量の推移（1980 ～ 2009 年）

	携帯端末 （万台）	光通信設備 （台）	プログラム制御式デ ジタル電話交換機 （万回線）	電話機 （万台）
1980 年			36.0	40.5
1981 年			32.0	43.5
1982 年			37.0	43.1
1983 年			53.0	72.7
1984 年			72.0	110.7
1985 年			91.0	169.9
1986 年			51.0	131.7
1987 年			69.0	275.8
1988 年			73.0	549.0
1989 年		232	104.0	653.1
1990 年		677	98.0	650.9
1991 年		964	130.0	950.7
1992 年		616	240.5	1,228.2
1993 年		1,827	646.1	1,542.1
1994 年		5,050	809.4	1,992.2
1995 年	130.5	4,442	1,120.6	2,622.2
1996 年	59.5	6,952	1,410.4	2,310.6
1997 年	378.0	37,652	2,607.5	2,411.6
1998 年	855.3	13,601	3,333.1	2,256.6
1999 年	2,300.6	308,639	3,912.8	3,652.1
2000 年	3,851.7	36,413	8,574.9	4,629.3
2001 年	8,351.1	2,514,934	6,905.2	4,154.5
2002 年	12,574.0	64,474	5,888.1	11,892.4
2003 年	18,644.0	102,304	5,807.0	12,935.9
2004 年	23,344.6	1,219,387	8,464.8	13,959.8
2005 年	30,354.2	10,401,240	7,720.9	16,953.7
2006 年	48,013.8	1,807,510	7,404.6	18,434.6
2007 年	54,857.9	9,448,537	5,387.0	16,255.9
2008 年	55,964.1	47,116,564	4,584.0	15,005.7
2009 年	61,924.5	3,844,835	3,430.3	14,289.1

（出所）　中華人民共和国工業和信息化部（2011），106-107 頁。

38 第 I 部　中国 ICT 企業はいかに国際競争力を獲得したか

と代替が完成した。しかしながら，1997 年の段階では，中国国内生産の 63%
は，外資企業と中国企業の合弁である中外合弁企業によって占められていた。
中国企業による生産は 32% に留まった。

第 3 節　中国通信機器産業におけるファーウェイの地位

1. 中国の通信機器産業

　中国の通信機器産業は，中国 ICT 機器製造業総収入の 15.6% を占め，コン
ピュータ（29%），電子部品（18%），電子デバイス（15.9%）に次ぐ巨大化し
た産業部門である（2011 年実績）[12]。また，2011 年まで執行されていた産業分
類標準で中国の通信機器産業は，有線及び無線伝送機器，交換機器，有線端末
機器，移動通信機器・端末，その他通信機器という 5 つの産業部門から構成さ
れる（国民経済行業分類：2002）。この中国通信機器産業の生産能力と輸出能
力を，生産額と輸出額で比較分析して見てみよう。

　図表 2-8 と 2-9 は中国通信機器産業の生産額及び輸出額と，そのうち中国企
業が占める割合との推移を示すものである。図表 2-8 から，中国企業は通信機

図表 2-8　中国通信機器製造業の生産額の推移

（単位：億人民元）

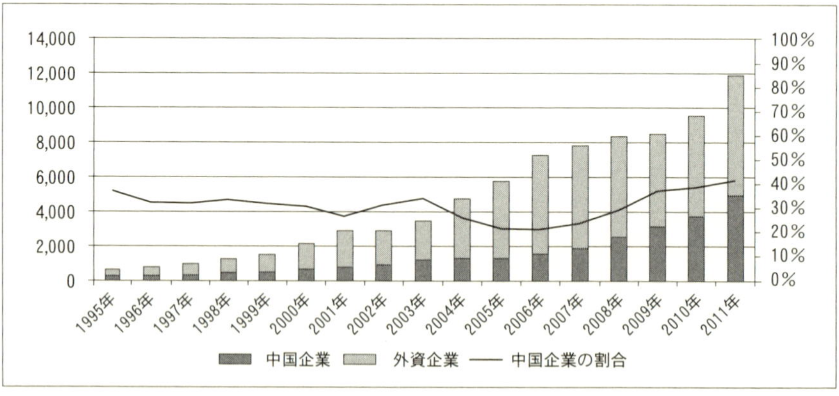

（出所）『中国高技術産業統計年鑑』各年版により筆者作成。

器産業総生産額の２割余り〜４割前後を占めていることがわかる。図表2-9から，中国企業は輸出額の5%前後〜３割弱しか占めていないことがわかる。つまり，中国通信機器産業の生産と輸出の主力となっているのが外資企業である，ということである。この点は，中国の情報通信機器製造業全般に関する分析結果と一致している[13]。

図表 2-9　中国通信機器製造業の輸出額の推移

(単位：億人民元)

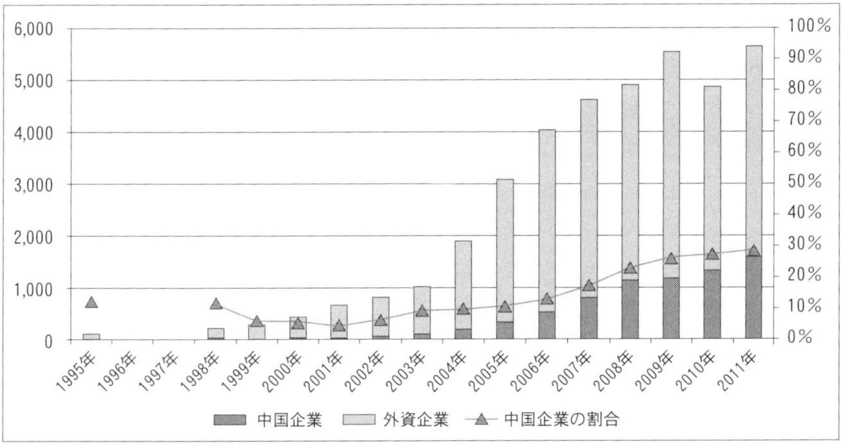

(出所)　図表2-8に同じ。

　通信機器産業の生産額と輸出額の１割強から３割強を占め，比較的高付加価値の分野である交換機器産業について分析してみると，異なる特徴が見られる。図表2-10と2-11は，中国の交換機器産業の生産・輸出額とそのうち中国企業が占める割合との推移を示すものである。図表2-10に示されているとおり，中国企業は1990年代半ば以来，生産額の４割以上を占めてきた。なかでも，2002年以降，中国企業が占める割合は５割を超え，2011年になると，8割前後という高率に至っている。図表2-11に示されている輸出額の分析からも，やはり似たようなことが確認できる。このように，中国の交換機器企業はその競争力をいっそう高め，生産と輸出に，競争優位を確立していることが分かる。

図表 2-10　交換機器産業の生産額と中国企業が占める割合との推移

(単位：億人民元)

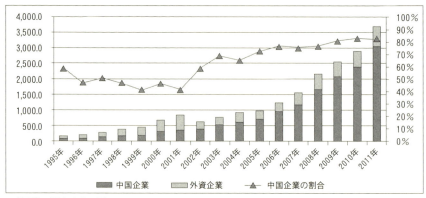

(出所)　図表 2-8 に同じ。

図表 2-11　交換機器産業の輸出額と中国企業が占める割合との推移

(単位：億人民元)

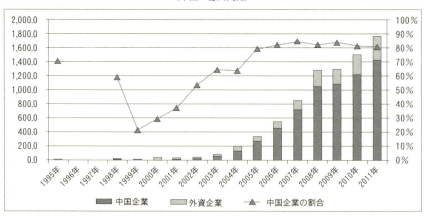

(出所)　図表 2-8 に同じ。

2. 中国通信機器企業のグローバル寡占化とファーウェイ

　ここでは，ファーウェイの業界におけるポジションを理解するために，主要経営指標を用いて中国通信機器企業のグローバル寡占化を分析する。図表 2-12 は，中国の大手通信機器企業，そして通信機器産業の一部門である大手交換機企業の 1 社当たりの主要経営指標をファーウェイ社と比較したものであ

る。同表から，まず，IT バブルの翌年（2002 年）は通信機器企業数の転換点
となったことが分かる。1995 年から 2001 年まで，通信機器産業全体，そして
そのうち交換機産業の企業数はともに増大傾向にあった。そうした中でファー
ウェイの売上高は，1995 年の 14 億元から 2001 年の 255 億元までに増大し，
17 倍強の著しい成長であった。

しかしながら，2002 年以降になると，IT バブルの破綻を受けて，業界再編
が進行し，企業数が激減した。しかも，外資企業が中国市場に重点を置く戦略
をとったため，中国市場での競争がいっそう激しくなった。このため，企業数
は減少し，1 社当たりの規模拡大を伴い，中国の通信機器産業における企業の
グローバル寡占化が進んだのである。

2003 年以降，交換機の大企業数は，急減したものの，反面，その規模は，

図表 2-12　大手通信機器企業とファーウェイ社との 1 社当たり経営業績の比較

項目	企業数（社）		売上高（億元）			輸出額（億元）			利益額（億元）			従業員数（人）		
企業類型	通信機器	交換機	通信機器	交換機	Huawei	通信機器	交換機	Huawei	通信機器	交換機	Huawei	通信機器	交換機	Huawei
1995 年	55	14	5.3	6.9	14.0	0.8	0.4		0.7	1.1		2,014	1,313	2,400
1996 年	61	18	6.6	8.5	26.0				0.8	0.9		2,013	1,482	
1997 年	64	20	7.5	9.8	41.0				0.9	1.2		2,078	1,708	12,000
1998 年	75	22	8.1	9.5	89.0	1.5	0.9		1.0	1.8		1,872	1,979	
1999 年	77	23	10.4	13.1	120.0	1.7	0.5		1.2	1.8		1,804	2,039	
2000 年	85	23	15.0	19.5	220.0	2.8	1.0		1.7	2.8		1,608	1,856	16,000
2001 年	111	23	20.0	31.2	255.0	4.7	1.6		2.0	3.1		1,605	2,065	
2002 年	113	21	17.7	24.4	175.0	5.4	2.2		1.0	1.3		1,533	2,383	22,000
2003 年	22	3	68.6	153.4	221.0	21.4	24.9		3.7	19.1		5,914	13,230	
2004 年	25	3	91.3	212.1	313.0	41.7	54.0	128.3	9.0	25.3		6,216	15,736	
2005 年	37	4	100.2	207.1	482.7	63.2	77.6	262.7	6.0	18.3	55.2	6,583	16,203	
2006 年	37	4	122.6	263.5	663.7	71.7	126.5	426.4	6.5	15.5	40.0	8,130	19,223	
2007 年	44	5	121.4	292.3	921.6	80.7	154.7	663.8	4.5	15.8	126.4	9,259	20,864	83,609
2008 年	56	6	97.3	293.8	1,230.8			923.1	3.2	11.8	78.9	8,468	23,951	87,502
2009 年					1,466.1			900.2			190.0			
2010 年					1,825.5			1,204.1			247.2			110,870
2011 年					2,039.3			1,382.6			116.5			

（出所）『中国高技術産業統計年鑑』2009 までの各年版，とファーウェイ社年度報告 2006－2011 年，
　　　今井編著（2004），26 頁に基づき作成。

急拡大した。輸出という視点から見ると，グローバル寡占化にともなって，1社当たりの輸出規模が急速に増大した。

　こうしたなか，ファーウェイは急拡大した。ファーウェイの海外売上高は，大企業による輸出合計の85％に当たる。また，従業員規模で見ると，2007・08年，ファーウェイは交換機大企業の4倍前後となり，従業員規模の大規模化が目立った。この時期，ファーウェイがグローバル寡占化している様子が浮き彫りとなった。

第4節　ファーウェイの国際競争力

1. 国内市場における競争優位

(1)　企業概要

　ファーウェイ社は，7，8人により1987年に深圳で設立された零細企業であった。設立当初は香港から小型構内向け内線電話交換機（PBX）を輸入して中国の農村部に販売する事業を手掛けていた。90年代に入ると同社は，レストランや小企業など小規模ユーザー向けの交換機の開発を始め，それ以降，次第に事業分野を拡大していった。

　2012年末現在の事業内容は，次の諸分野から構成されている。(1)通信キャリア向け事業。この業務は，固定ネットワーク，モバイル・ネットワーク，テレコムソフト，コア・ネットワーク，サービスなどから構成され，総売上高の73％を占める。(2)法人向け事業。この業務は，企業ネットワーク，UC&C，IT，SecoSpace，関連サービスから構成され，総売上高の5％を占める。(3)コンシューマ向け事業。この業務は，携帯電話機，ホーム・デバイス，端末用チップ，クラウド端末から構成され，総売上高の22％を占める。

　ファーウェイは，世界の140ヶ国（地域）で活動しており，世界中で14の地域本部，16のR&Dセンター，28のジョイント・イノベーション・センター，45のトレーニング・センターを設置している。地域別売上高分布は次のとおりである。中国は33％，欧州・中東・アフリカは合計で35％，アジア・太平洋地域は17％，南北アメリカは14％。従業員数は15万人に達してい

る[14]。

図表2-13 ファーウェイ社売上高の推移

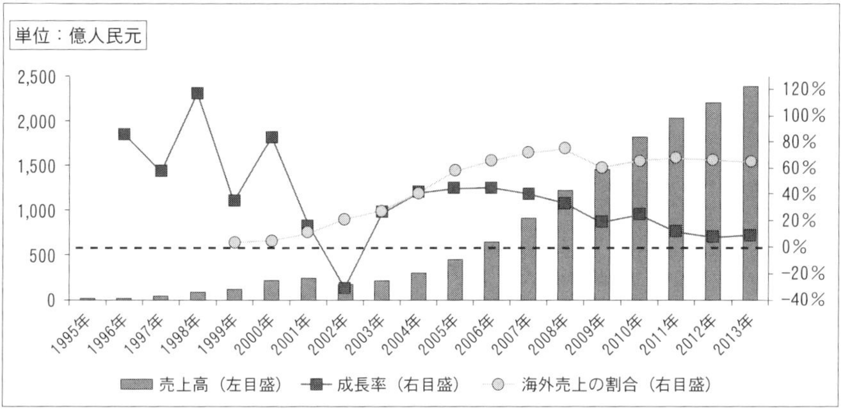

(出所) 張（2013），103頁；今井（2004），26頁；呉・龔（2006），26頁（原資料はファーウェイ社のアナリスト大会，於：ドイツのハンブルグ市［2005］）；ファーウェイ社年度報告（2006～2013）より筆者作成。

(2) 国内市場での競争優位の確立

図表2-14に示されているとおり，1990年代に入ってから97年まで，中国の電話交換機市場における最大手は中外合弁の上海ベルであった。ところが

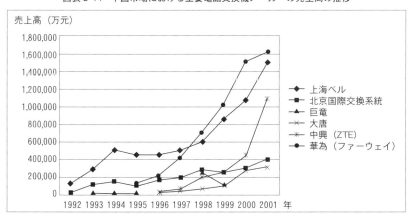

図表2-14 中国市場における主要電話交換機メーカーの売上高の推移

(出所) 楊志剛（2008），105頁。

44　第 I 部　中国 ICT 企業はいかに国際競争力を獲得したか

1998 年になると，図表 2-14 と図表 2-15 から分かるように民間企業である
ファーウェイがトップの座を占めるようになった。

　ファーウェイ社に国内市場トップメーカーの地位をもたらしたのは 1993 年
に開発された電話事業者用デジタル電話交換機 C&C08-2000（2000 は回線容
量であるライン数を表すものである）であった。指向していた市場は農村部の
小規模な電話局であった。その翌年にファーウェイは C&C08-10000 回線の開
発にも成功した。この C&C08 シリーズの交換機製品は後に市場で高く評価さ
れ，2003 年末までに合計 1 億回線の実装を実現し，業界最高を記録した[15]。

図表 2-15　主要製品の販売と市場占有率

製品名	1997 年		1998 年	
	販売数	市場占有率	前半の販売額	通年の計画
交換機	411 万回線	20%	400 万回線	693.1 万回線
アクセス・ネットワーク	25 万回線	70%	102 万回線	216.6 万回線
SDH	500 セット		1500 セット	1.44 億米ドル
WLL 無線アクセス	1200 チャンネル	72%	3000 チャンネル	7810 チャンネル
STP	5700Link	60%	7700Link	3,100 万米ドル
電源	5,420 万米ドル	20%	6,030 万米ドル	2.1 億米ドル
動力環境モニタリング	10 セット	28%	58 セット	1.01 億米ドル
売上高合計	5 億米ドル		5.1 億米ドル	13.05 億米ドル

（出所）　鐘鴻鈞・柯栄柱（2000），111 頁。

　実は，この C&C08-2000 の初実装は，ファーウェイ社の技術面における未
熟さと製品品質の不安定性，それに加えて，取り付けとテスト経験の乏しさか
ら，結局 4 ヶ月もかかることとなった。ところが，ファーウェイは，多人数か
らなる技術者チームを納入先の現場に送り，それらの欠点を補った。彼らは顧
客である電信局の交換機の操作・保守を行う技術者たちと綿密なコミュニケー
ションを取りながら顧客の問題解決をし，開通を成功させた。

　海外技術を導入した上海ベルなど中外合弁企業に比べて，ファーウェイの競
争優位は，まず低価格である[16]。ただし，それだけでは十分と言えず，「完全
な中国語メニュー，マウス操作，ホットキー・ヘルプ」といった使いやすさ，
そして顧客の要望に応じた素早い製品開発や改善などもある，と指摘されてい

る[17]。つまり，ファーウェイの競争優位は，ニーズに応えた製品と優れたサービスを一体化して，低価格で提供することにある。

2. 国際市場における競争優位

(1) ファーウェイにおける国際化のプロセス

ファーウェイの海外進出は1996年から始まり，次のような5段階を経てきたと言われている。即ち，第1段階（1996～1998）は，試験的に海外活動をする時期である。この時期における海外活動は，海外展開の経験を蓄積し，自社ブランドを認知してもらうことを目的とするものであった。この時期の海外進出地域は，ロシア，バラルージなど後進国であった。これら後進国地域の通信キャリアもまた，低価格で良いサービスを必要としていたからである。第2段階（1999年～2001年）では，後進国や新興国の進出国（地域）数が急拡大し，そして2000年から，少数の国（地域）においては，少額の売上高を上げ始めた。例えば，ロシア，エジプト，ケニア，香港など海外市場では，数百万米ドルの売上高を上げるようになった。また，2001年に，ファーウェイは社内で海外の後進国市場への進出を呼びかけ，海外現地市場の組織編成，業績評価，従業員訓練などの制度作りに着手し始めた。第3段階（2002年～2004年）は海外市場の開拓を本格的に展開する時期である。中国国内でファーウェイは，CDMA関連業務などに出遅れ，競争ライバルに追い抜かれそうな状況に直面したため，海外の新興国や新興国市場の開拓を急ぐようになったのである。ブラジルでは，子会社を設立し，ロシアでは，現地生産を始めた。第4段階（2005年～2007年）は，多国籍企業への変身を遂げた時期である。2007年になると，上述の後進国市場でファーウェイの市場占有率はトップ3に入った。欧州市場においても，大手通信事業者の主要サプライヤーになった。第5段階（2008年以来）は，市場リーダーとしての地位を確立できた時期である。この時期に入るとファーウェイは，北米と日本，韓国を除いて首位か2位に立つ市場リーダーになった[18]。

ファーウェイの国際化は，中川（2008）と劉（2014）が指摘するとおり，はじめに途上国，次いで先進国へという国際化のプロセスで進行してきた。そこで，このプロセスを詳しく分析すると，図表2-13からわかるように，ファー

ウェイの国際化は1990年代後半から始まる。そして，2005年になると，海外売上が売上高の半数を超えるようになった。しかも，進出先地域をみると，2004年段階における海外売上の構成は，アジア太平洋地域（29％），アフリカ南部（21％），中東・アフリカ北部（19％），CIS（ロシアの独立国家共同体，16％），ラテン・アメリカ（8％）であり，後進国・新興国市場だけで93％を占め，先進国市場のヨーロッパは7％を占めるにすぎない（図表2-16）。

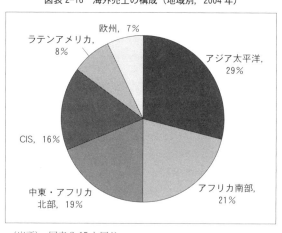

図表2-16　海外売上の構成（地域別，2004年）

（出所）　図表2-15と同じ。

それでは，ファーウェイはどのような競争優位で海外進出し得たのか。はじめに途上国，次いで先進国へという国際化のプロセスにおける競争優位を見てみよう。そこで，1996年の香港市場への輸出と，1999年以降のヨーロッパ市場開拓という2つの事例で見ていく。

(2)　国際市場における競争優位

事例1：香港への電話交換機輸出（1996年）

香港の電気通信事業者への交換機輸出はファーウェイ社にとって初めての海外巨額受注（3,600万米ドル）であった。そもそも香港の電気通信市場を先進国市場それとも途上国・新興国市場として見るべきかという問題もあるが，ファーウェイの香港進出は1996年から開始したロシア市場進出および1997年

におけるブラジル現地企業との合弁生産と同時期に実現しており，ここでは途上国・新興国進出の事例として取り上げることが妥当と思われる。

　輸出先は香港固定電話網市場への新規参入許可を取得したハチソン・ワンポア・リミテッド（中文社名：和記黄埔有限公司，SEHK: 0013）傘下の電気通信企業和記電信であった。和記電信は，低価格且つ短納期で，引っ越し後ももともとの固定電話番号が変わらないという新しい業務に必要な電話交換システムを調達しようとしたが，ヨーロッパなど先進国の交換機メーカーはこのような厳しい要求に対応しようとしなかった，と言われている。ちょうどその時期のハチソン・ワンポア・リミテッドは香港の中国への帰還を備えるために中国大陸の企業ないし政府とのつながりを強めようとしていた。そこで，同社は香港に近い深圳に立地し，そして中国市場で競争優位を確立していたファーウェイに目を向けたのである。

　受注したファーウェイ社は主力製品 C&C08 型機をベースに，制御ソフトウェアの書き直しや実装・テストに取り組み，前述した C&C08-2000 の初実装と似たような形で，3ヶ月内に求められた交換システムを和記電信に納入した。つまり，製品には依然として技術上の未熟さや品質の小さな問題は存在したが，ファーウェイは低価格のみならず，短納期の実現，納入した電話交換システムの拡張可能性を高めたことと，交換機の小型化などよいサービスの提供でそれらの問題をカバーしたのである[19]。ここにファーウェイの後進国市場・新興国市場進出のための競争優位があり，この競争優位は，中国市場で形成し，確立されたものである。

　事例 2：ヨーロッパ市場進出（1999 年以降）

　ファーウェイのヨーロッパ通信機器市場への本格的な進出は 2001 年から始まったと言われているが，ヨーロッパ市場における初めての注文は 1999 年に Evoxus（以下 E 社と略す）というイギリスの小規模電気通信事業者から獲得したのである。E 社は，香港の事例における和記電信と同じ，新規設立した通信キャリアであった。当時，E 社は IP 技術に基づくプラットフォームで従来の音声という電話の機能とデータ・サービスを統合し，より安価な通信ソリューションとして現地市場に提供しようとした。そして，このビジネスを成立させるためには，ブリティッシュ・テレコム（BT）などイギリス電気通信

市場における大手キャリアより 25％安いという価格優位が必要であった。そこで，E 社はファーウェイの通信機器とサービス，なかでもその低価格に注目したのである。

ファーウェイは SX3000 というソフト交換機で E 社の要求に応じた。取引が成立するまでの流れは次のようであった。まず，E 社がファーウェイ製品の安さに惹かれ，ファーウェイに目を向けた。次に，同社はサンプル機のテストを経て，ファーウェイ社製品の品質を認め，最後に，E 社は，ソフトウェアのアップデートや契約範囲内の新機能開通を無料で行ってくれるという点を高く評価した。

その後，ファーウェイは 2001 年にフランスの LDCOM 社（現在の NEFU 社，フランス固定電話網の 2 位を占める大手）の光ネットワーク建設を受注した。当時の LDCOM 社は，業界に参入してわずか 3 年のベンチャー企業であった。ファーウェイは LDCOM 社と密接な関係を持つフランスの代理販売店の推薦を受けた。その代理販売店の推薦理由はファーウェイ製品の高いコストパフォーマンスであった。ファーウェイは 3 ヶ月内にリヨンなど 2 都市の光伝送ネットワークを完成させ，そして 3 ヶ月間のテスト運行も順調であったことで，受注が拡大した。

こうしたヨーロッパ市場の開拓を積み重ねた結果として，2005 年になるとファーウェイはボーダフォンのグローバル・モバイルネットワーク構築のサプライヤーになった（呉春波［2013］，325 頁）。同年，ファーウェイはまたブリティッシュ・テレコム（BT）の優先サプライヤーになることにも成功した[20]。BT の優先サプライヤーになるためにファーウェイは 2 年間にわたった BT による厳しいチェックを受けた。そして，このチェックに合格するためにファーウェイは技術向上のみならず，マネジメント，サービスの質と安定的な供給を確保する能力，企業文化の建設など様々な面における課題解決に取り組んでいた[21]。

3.　ファーウェイの戦略的資産の取得

丸川・中川編著（2008）によると，ファーウェイの国際競争力は，後進市場における先進国企業および現地企業に対しての相対的な優位性にあるという。

しかしながら，丸川・中川編著（2008）は，ファーウェイがこうした相対的な優位性を持つのは中国という低所得市場で育ってきており，低所得者市場に適した技術を発展させているからだ，との指摘に留まっている。

しかしながら，この国内市場におけるファーウェイの競争優位は，顧客である通信キャリアのニーズに応えられ，必要な品質保証がある製品と満足のいくサービスとを一体化して低価格で提供する技術だということである。さらに，われわれの分析によれば，この中国市場における競争優位の形成と確立には，ファーウェイによる戦略的資産の取得が大きく寄与していたことである。ここでは，この点の分析をまとめておこう。ファーウェイの競争優位の源泉と戦略的資産の取得の関係を整理したものが，図表 2-17 である。

図表 2-17　ファーウェイの戦略的資産の取得

競争優位の源泉	国内市場の競争優位		戦略的資産取得	
	競争能力	獲得プロセス	獲得プロセス	国内の競争優位へ
研究開発能力	C&C08 シリーズ電話交換機の自主開発	国内通信系人材の誘致と活用，北京や上海の研究所，通信やコンピュータ関係名門校優秀な卒業生の囲い込み，研究開発投資の確保	海外研究開発拠点の設置[1]，世界の大手ICT 企業やキャリアとの共同ラボラトリーの設置[2]，企業買収[3]	交換機以外，図表 2-18 が示すように，光ネットワーク，DSL，NGN 等の分野にも進出でき，市場占有率の上位を占めるようになった。そのうち，中国市場は 35％を占める（2013 年度実績）。
マネジメント能力	国内において一流の人材チーム	「華為基本法」など企業文化建設，海外からマネジメントノウハウを導入（例えば，HAY から職務評価システム）	IBM などから技術導入を行う[4]	統合されたサプライチェーン，統合された製品開発体制が形成されるに至った。
マーケティング能力	交換機国内シェアの 3 割を占め，1998 年，国内最大の交換機企業に	農村という低所得，参入しやすいところから市場開拓を行う。キャリアと合弁企業を設立するなど独自のやり方	海外販売・サービス拠点，現地企業との合弁で市場を開拓する[5]	――
製造能力	上海ベルなどライバル企業に対するコスト優位	深圳に製造本拠地を構築，一部の IC の開発によるコスト削減[6]	IBM 社から統合サプライチェーン（ISC）技術を導入，海外サプライ・センターの設立	グローバル・サプライチェーン・マネジメント能力の向上

50 第 I 部　中国 ICT 企業はいかに国際競争力を獲得したか

注：(1)　ファーウェイは早くも（設立 5 年後の 1993 年）シリコンバレーに研究開発拠点を置いた。その目的は世界最先端の通信やソフトウェア技術への接近である。さらに，ファーウェイはアメリカのダラス（1999 年），インドのバンガロール（1999 年），スウェーデンのストックホルム（2000 年），ロシアのモスクワ（2000 年）に研究開発拠点を設置した。

(2)　ファーウェイは 1997 年アメリカの大手半導体メーカーであるテキサス・インスツルメンツ（TI）との提携で連合ラボラトリーを作り始めた。それ以降 2005 年 6 月までファーウェイはモトローラ，IBM，インテル，SUN，クアルコム，マイクロソフト，NEC など合計 10 社の大手国際 ICT 企業と連合ラボラトリーを設置している。

(3)　ファーウェイは 2002 年にシリコンバレーの小規模光ネットワーク企業 OptiMight 社，2003 年にネットワーク企業 Cognigine 社を買収した。

(4)　1998 年に国内市場における競争優位を達成したファーウェイ社は，他方，利益率低下の問題を抱えており，そして，顧客への対応には場当たり的なものが多く，結局，こうした対応は個別顧客の満足に繋がったが，製品の標準化と将来の対応に不利な影響をもたらすことが多かった。また，ファーウェイ社のサプライチェーン効率を世界の大手メーカーと比較すると，納期遵守率，在庫回転率，納入日数等の面において大きなギャップがあった。こうした背景の下で行われた IBM からのマネジメント技術の導入は従来の業務の流れを見直しないし再設計するものであり，統合製品開発システム（IPD），統合サプライチェーン（ISC），IT によるシステム再構築，財務管理・監査諸制度の標準化など 8 つのサブプロジェクトからなる大型プロジェクトであった（呉・冀［2006］，53 頁）。

(5)　ファーウェイは 1997 年にロシアテレコムなど 2 社と合弁企業を作り，現地市場開拓に取り組み始めた。それ以降 2004 年までに，中東・アフリカ北部地域の 20 ヶ国，南米地域の 10 ヶ国，アジア太平洋地域の 12 ヶ所，欧州地域の 26 ヶ国に窓口会社を設立し，アメリカで完全所有子会社を持っていた。

(6)　ファーウェイは，2001 年，華虹 NEC，南通富士通と提携で ASIC の開発と製造を開始した。2002 年，NEC，パナソニックと合弁で 3G 端末の研究開発を行う上海宇夢通信科技有限公司を設立した。2003 年，3COM と企業データ・ネットワーク・ソリューションの研究開発に専念する合弁企業を設立した。翌年，ドイツのシーメンス社と TD-SCDMA の開発を行う合弁事業を作った。

(出所)　呉・冀［2006］，呉春波（2013），姜（2011），趙艶秋（2013），ファーウェイ社『CSR 報告書 2012』より筆者作成。

図表 2-18　ファーウェイの分野別グローバル市場シェア率

産業分野	ランキング	市場占有率	ランク付け機関
光ネットワーク	4	9.10%	RHK
DSL	2	17.70%	Gartner
NGN	2	13%	Dittbernet
アクセス・ネットワーク	3	13.20%	RHK
交換機	1	35%	Dittbernet

(出所)　「最初的『衝動』」『IT 時代週刊』2004 年 9 月 20 日，26-27 頁。

香港の事例で分析したように，ファーウェイは，中国市場における競争優位を生かして低所得市場の後進国・新興国市場の開拓に成功した。しかしながら，ファーウェイの中国市場における競争優位の源泉，すなわち，交換機器製品の研究開発力や製造能力，マネジメント能力，マーケティング能力の形成や確立には，中国国内での経営資源や人的資源の取得や人材育成ばかりでなく，海外直接投資による戦略的資産の取得が大きく貢献したのである。

ヨーロッパの事例は，ファーウェイの先進国における市場開拓の源泉もまた，この中国市場におけるファーウェイの競争優位の源泉と同じであることを示した。すなわち，その競争優位の源泉とは，先進国の通信キャリアのニーズに応えられ，必要な品質保証もある製品と，満足のいくサービスを一体化して低価格で提供する技術だということである。われわれの分析によれば，このファーウェイの競争優位の形成と確立には，中国の経営資源や人的資源の取得のみならず，海外直接投資による戦略的資産取得が大きく貢献した。すなわち，ファーウェイの競争優位の形成・確立には，海外研究開発拠点，世界大手ICT企業・通信キャリアとの連合ラボラトリー，企業買収，海外の販売・サービス拠点，海外大手企業との合弁事業などの直接投資と技術導入が大きく貢献したのである。

第5節　おわりに

本章の分析をつうじて，以下の諸点を明らかにした。まず，グローバル市場化した中国の通信機器製造業において，ファーウェイ社は，農村という低所得市場に適した製品の開発と満足のいくサービスを一体化して低価格で電気通信キャリアに提供することによって国内市場における競争優位を達成したことである。さらにまた，ファーウェイは，この競争優位をもって，南北のアフリカ地域，ラテン・アメリカ地域，アジア太平洋地域など，後進国や新興国などの低所得市場やさらには，ヨーロッパなどの先進国市場にも進出し得たのである。ファーウェイの通信機器製造業におけるこの競争優位こそ，低所得市場の中国市場のみならず，後進国や新興国などの低所得市場やヨーロッパなどの先

進国市場にも進出することのできる源泉であった。

　このファーウェイの競争優位の形成と確立には，中国国内の経営資源や人的資源の取得や人材育成のみならず，海外直接投資による戦略的資産取得が大きく貢献した。すなわち，ファーウェイの競争優位の形成・確立には，海外研究開発拠点，世界大手 ICT 企業・キャリアとの連合ラボラトリー，企業買収，海外の販売・サービス拠点，海外大手企業との合弁事業などの直接投資と，技術導入が大きく貢献したのである。

〈注〉

1　『中国交通年鑑』1986 年，28 頁。
2　王鴎（2000），87 頁。
3　エリック・ハーウィット（2011），pp.36-40。
4　国家統計局工業交通司編（1989）『中国運輸郵電事業的発展』中国統計出版社。
5　呉基伝（1997），12-14 頁。
6　同上書，13 頁。
7　王鴎（2000）。
8　『中国信息産業年鑑』2012 年版。
9　『中国機械電子工業年鑑』1984 年版，Ⅱ-179 頁。
10　上海財経大学産業経済研究中心（2007），541-544 頁。
11　王鴎（2000），96 頁。
12　中国信息産業年鑑（総合巻）2012，25 頁。
13　中国の情報通信機器製造業において，生産と輸出を握っているのが外資系企業であり，そして基幹部品の供給は先進国に依存している。詳しくは，夏目・陸（2014），181-186 頁を参照。
14　ファーウェイ・ジャパンのインタービュー（2013 年 7 月）資料による。
15　呉春波（2013），323 頁。
16　酒向（2007），162，169 頁。
17　張（2012），41 頁。
18　姚（2012），2-4 頁。
19　劉文棟（2010），66-67 頁。
20　呉・冀（2006），8-10 頁。
21　劉文棟（2010），72-77 頁。

〈参考文献〉

Eric Harwit（2008）*China's Telecommunications Revolution* Oxford University Press.（高杉耕一・黒川章訳［2011］『中国の情報通信革命』NTT 出版株式会社。）

Bremmer, Ian A.（2010）*The End of the Free Market: Who Wins the War Between States and Corporations?*, Portfolio Trade.（有賀裕子訳［2011］『自由市場の終焉―国家資本主義とどう闘うか』日本経済新聞出版社。）

ITU（2013）*Measuring the Information Society 2013*.

Zixiang, A.T.（2002）"Product cycle theory and telecommunications industry‐foreign direct investment, govemment policy, and indigenous manufacturing in China", *Telecommunications*

Policy, 26（1-2），pp.17-30.

天野倫文・大木博巳編著（2007）『中国企業の国際化戦略』ジェトロ。

今井理之編著（2004）『成長する中国企業―その脅威と限界』国際貿易投資研究所。

今井理之（2004）「中国の成長企業―タイプ・成長要因・課題」今井理之編著（2004），5-15頁。

姜紅祥（2011）「中国の通信機器産業の対外直接投資と戦略的資産獲得」中国経営管理学会2011年秋期研究集会（11月5日於龍谷大学）報告論文。

酒向浩二「華為技術（ホアウェイ）」天野・大木編著（2007），159-170頁。

陳 晋（2007）『中国製造業の競争力』信山社。

丸川知雄（2004）「華為技術有限公司」，今井理之編著（2004），17-27頁。

丸川知雄・中川涼司編著（2008）『中国発・多国籍企業』同友館。

丸川知雄（2008）「中国発・多国籍企業」丸川・中川編著（2008），2-20頁。

中川涼司（2007）『中国のIT産業』ミネルヴァ書房。

中川涼司（2012）「華為技術（ファーウェイ）と聯想集団（レノボ）の対日進出――中国企業多国籍企業化の二つのプロセス再論」，『ICCS現代中国学ジャーナル』24巻第2号，45-54頁。

中川涼司（2008）「華為技術（ファーウェイ）と聯想集団（レノボ）―多国籍化における2つのプロセス―」，丸川・中川編著（2008），70-96頁。

中屋信彦（2014）「中国の国家資本と社会主義市場経済体制」日本比較経営学会第39回全国大会での統一論題報告（5月10日於：玉川大学）。

夏目啓二（2014）『21世紀のICT多国籍企業』同文館。

夏目啓二・陸云江（2014）「中国ICT企業の競争優位―レノボ社の国際競争力」夏目啓二（2014）第6章。

劉永鴿（2014）「中国多国籍企業の国際化戦略の特徴―中興通訊の事例を中心として―」東洋大学『経営論集』3月第83号，63-78頁。

符可（2012）「我国電子製造企業在発達国家市場的営銷策略――以華為欧州市場為例」『企業経済』2012年第10号（総第386号），112-116頁。

国家統計局・国家発展和改革委員会・科学技術部（1999～2013）『中国高技術産業統計年鑑』各年版。

侯媛媛・劉文瀾・劉雲（2011）「中国通信産業自主創新体系国際化発展路径和影響機制研究――以華為公司為例」『科技促進発展』2011年11号，32-40頁。

程正中（2008）「国有企業と三資企業的技術創新能力対比研究――以我国電子及通信設備製造業為例」『商場現代化』1月（中旬号）総第527号，98-99頁。

董維剛・張昕竹（2008）「中国壟断産業規制改革30年」『中国経済発展和体制改革報告30年（1978～2008），518-543頁。

劉啓誠（2007）「華為為什么敢承認自己没有原創性産品発明」週刊『通信世界』2007年第5号（1月29日），14頁。

劉文棟（2010）『華為的国際化』海天出版社。

劉錚々（2008）「「知識力」打天下――華為亜非市場開拓記」『中欧商業評論』2008年7号，101-103頁。

馬寧編（2007）『華為与中興通訊：中国両大通信巨頭的営銷戦略と競争戦略』中国経済出版社。

馬微（2010）「華為専利申請縁何全球第一（ファーウェイの特許申請数はなぜ世界一になったのか』『科技中国』2010年1月号，37頁。

丘慧々（2009）「華為専利『全球第一』背後：10億美元＋4万研発大軍」『21世紀経済報道』2009年2月3日。

湯聖平（2004）『走出華為』中国社会科学出版社。

楊志剛（2008）『複雑技術学習和追赶：以中国通信設備製造業為例』知識産権出版社。

陳佳貴編（2009）『中国工業化報告2009』138-162頁，「第八章 通信設備製造業」社会科学文献出版社。

張運輝・趙国璧（2013）『華為：你将被誰抛棄』知識産権出版社。

胡思斉（2012）「華為公司国際化戦略及啓示研究」対外経済貿易大学修士学位論文，CNKI 中国優秀博士・修士論文データベース。

姚甜（2012）「華為公司海外市場戦略研究」対外経済貿易大学修士学位論文，CNKI 中国優秀博士・修士論文データベース。

林漢川・張新民（2010）『中国企業国際化経営研究報告 2010』中国商務出版社。

上海財経大学産業経済研究中心（2007）『2007 中国産業発展報告―国際化与産業競争力』上海財経大学出版社。

幹春暉編（2008）『2008 中国産業発展報告』上海財経大学出版社，「第二章 電信服務業」，26-84 頁。

王琳（2009）「通信設備製造業自主創新模式選択的影響因素研究」浙江大学修士学位論文。

王慧（2000）「国産程控交換技術産業化的現状及発展対策研究」『経済経緯』第 1 号，48-50 頁。

王鴎（2000）「中国電信業的発展与産業政策的演変」『中国経済史研究』第 4 号，88-102 頁。

呉基伝（1997）『中国通信発展之路』新華出版社。

呉春波（2013）『華為没有秘密』中信出版社。

呉建国・冀勇慶（2006）『華為的世界』中信出版社。

易運文（2009）「華為専利申請躍居世界第一」『光明日報』2009 年 2 月 3 日，第 1 面。

中国国家統計局編（1982）『中国統計年鑑―1981』（中文海外版）香港経済導報社。

『中国交通年鑑』（1986），中国交通年鑑社。

中華人民共和国工業和信息化部（2011）『1949 〜 2009 中国電子信息産業統計』電子工業出版社。

中華人民共和国工業和信息化部運行監測協調局（2014）「2013 年通信運営業統計公報」（http://www.miit.gov.cn/n11293472/n11293832/n11294132/n12858447/15861120.html, アクセス：2014/06/06）。

張利華（2012）『華為研発』（第 2 版）機械工業出版社。

趙艶秋（2013）「華為企業業務這 3 年（最近の 3 年間におけるファーウェイの企業向け業務）」『IT 経理世界』7 月 20 日，第 368 号，29-33 頁。

鐘鴻鈞・柯栄柱（2000）「華為之路」『企業家信息』第 4 号，106-111 頁。

第3章
アリババ社はいかに国際競争力を獲得したか

第1節　はじめに

　近年，中国のインターネット企業の巨大化が進行し，その影響は中国国内にとどまらず，図表3-1，3-2に示されているとおり，大手中国インターネット企業の市場価値は世界的に見ても，グローバル資本市場の評価を得ている。なかでも，アリババ社は2014年9月にニューヨーク証券取引所で上場し，250億ドルで史上最高のIPO金額を記録した。そして，同社の2015年5月末時点の時価総額はアマゾンを上回り，Facebookと同等の価値をもつと評価されている（図表3-1）。

図表3-1　世界の時価総額最大級インターネット企業
（2015年5月末時点）

企業名	国籍	時価総額（億ドル）
Google	米	3,730
Alibaba	中	2,330
Facebook	米	2,260
Amazon.com	米	1,990
Tencent	中	1,900
eBay	米	730
Baidu	中	720
Priceline.com	米	630
Salesforce.com	米	490
JD.com	中	480
Yahoo!	米	410
Netflix	米	380
LinkedIn	米	250
Twitter	米	240
Yahoo! Japan	日	230
Rakuten	日	230
NetEase	中	190
Naver	韓	170
Vipshop	中	150

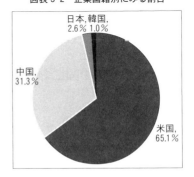

図表3-2　企業国籍別にみる割合

（出所）　Kleiner Perkins Caufield & Byers（http://www.statista.com/statistics/277483/market-value-of-the-largest-internet-companies-worldwide/　アクセス：2015/10/16）のデータに基づき筆者作成。

中国のインターネット企業に関するこれまでの先行研究は，主に中国人起業家によるビジネス・モデルのイノベーション（Edward Tse［2015］）や，大手各社のビジネス・モデルの中身の解明などをめぐってなされてきた。ところが，周知のとおり，インターネット・ビジネスを立ち上げるためには，起業家とベンチャー・キャピタリストが資本，サービス（市場），技術，人材，マネジメント能力などの諸要素を獲得しなければならない（夏目［2004］）。とりわけ中国の場合においては，アメリカと異なって，中国企業の技術蓄積及び資本調達が困難なため，この問題の解決がビジネス・モデル構築時のカギないしはネックとなる。

丸川・中川編著（2008）は，「戦略的資産」[1]の観点から，レノボなど中国企業が対外直接投資を通じて技術など戦略的資産を獲得した，という仮説を提示している。夏目・陸（2014，2015）はレノボやファーウェイなど中国 ICT 多国籍企業を取り上げ，これら中国企業の戦略的資産取得の動機，目的はまず国内市場における競争優位の維持・強化にあるということを検証・解明してきた。以上の示唆から，インターネット企業の場合においても，中国企業が対外直接投資を通じて技術など戦略的資産を取得した，と考えられる。

そこで本章は，中国のインターネット企業最大手3社を事例に取り上げ，彼らのビジネス・モデルを考察する。そして3社のうち，とりわけアリババによる Yahoo China の買収を中心事例として，インターネット・ビジネスの分野においても，対外直接投資による戦略的資産取得が大きな役割を果たしたビジネス・モデルがあった，ということを明らかにし，この事例分析を新興国多国籍企業研究として位置づける。

第2節　中国におけるインターネット・ビジネスの発展

1. 分析フレームワーク

本章は中国におけるインターネット・ビジネスを分析対象とするため，まずその分析フレームワークを次の2点から明示しておきたい。

第1点目は，政府によるインターネットへの規制である。

インターネット・ビジネスのあり方は，そのインフラをなすインターネットが誰によって所有・管理され，そして誰が主体となってどのような規制の下で運営されるかにより大きく異なる。なかでも，政治，イデオロギー，公衆安全や国家安全などにかかわる情報の発信や流通がインターネット管理・規制の主要な対象である。次に，こうした情報流通に対する規制のみならず，電子商取引にともなう売買代金の決済などのマネーの流れ，そして商品を届けるための物流に関しても，多かれ少なかれ規制が設けられることが一般的であろう。以上諸般の規制は，インターネット・ビジネスの参入や競争に多大な影響を及ぼすため，インターネット・ビジネスを分析する際の基本的な視点としたい。

ほとんどの諸外国と同じ，中国におけるデータ通信の組織化に政府が重要な役割を果たし，初期段階では，公的資金の援助を得た科学組織が中心的な役割を担った。ところが，データ通信の経済的機会が明らかになるとすぐに，多くの国では民間企業が通信網の拡大と運営で重要な役割を果たすようになる，という展開と異なって，中国においてインターネット・サービス・プロバイダー（Internet Service Provider，以下 ISP と略記）の中で支配的な事業者となったのは，地方政府の地方電信管理局が所有する ISP か，または地方電信管理局の系列 ISP である。その後，独立系 ISP が存在しなくとも，新技術と省庁間の競争により，2000 年代に入ってコストは低下し続けた。国民は，主として情報産業部配下の電話会社が供給する高速データ回線を介してインターネットにアクセスした[2]。

インターネット・コンテンツ・プロバイダー（Internet Content Provider，以下 ICP と略記）の場合，ISP とは対照的に，主なコンテンツ・プロバイダーは民間企業か共同会社が多かった。2001 年の WTO 加盟後，海外 ICP の参入も可能になった。ところが，政府は当初から国民が閲覧するコンテンツを管理しようとしてきた。その内容について，ポルノやギャンブル，「反革命」資料の出版・流通など旧来の管理内容はもちろんのこと，インターネットの場合，政治的に有害な情報が瞬時に伝わる可能性があるため，管理したいという政府の意欲はいっそう強まった[3]。こうしたなかでグーグルが中国（大陸）市場からの撤退を決意した大きな理由の 1 つは，中国当局がコンテンツの検閲と，「問題人物」の個人データの提供を要求し，G メールというサービスの展

開を規制したことである[4]。

第2点目は，インターネット・ビジネスを成り立たせるためのベンチャー・キャピタル（VC）である。

インターネット・ビジネスは，大きな物理的設備を持たず，もっぱらサイバースペースで事業活動を行う企業，と定義する[5]。これらの企業は，インターネット技術を駆使しながら，典型的なニッチ市場に専門化して消費者の求めるものや必要なものにうまく適合させる。このビジネス・モデルの競争優位は，従来の企業がもつ，店舗・設備の固定費や運営費，店舗従業員などを劇的に削減しているところにある。

また，起業家がインターネット企業を立ち上げ，IPO（新規株式公開）を達成するために必要とする市場や技術，資金，人材，マネジメント能力を獲得するには，ベンチャー・キャピタルとの協力関係が不可欠であった（夏目[2004]）。

中国におけるインターネット・ビジネスの立ち上げ方として，C2C（＝コピー・ツー・チャイナ，Copy to China）方式が多いと言われている。即ち，サクセニアン（2008）が明らかにしているとおり，アメリカで電気電子関連の専攻で留学や仕事の経験を蓄積した「帰国組」の人たちが，アメリカでの経験や見識を生かし，アメリカのインターネット企業のビジネス・モデルやVCを取り入れる融資の方法を倣って中国でインターネット企業を起こすことである。ところが，中国の場合においては，アメリカと異なって，中国企業の技術やマネジメント知識などの蓄積と資本調達が困難なため，この問題の解決がビジネス・モデル構築時のカギないしはネックとなる。そのため，VCの観点から中国におけるインターネット・ビジネスを分析しなければならない。

2. 中国におけるインターネット・ビジネスの成立と発展

まず，中国におけるインターネットの発展を概観しよう。インターネットは，1987年に科学研究用で中国に導入されはじめ，それ以降，中国におけるインターネットの発展は次の5段階を経てきたと言われている[6]。

1987年から1994年までは，インターネットの利用が科学研究や学術交流の領域に限られており，そして中国はまだ国際インターネットにアクセスできる

専用線路を持っていなかった第1段階である。

1994年になると，中国は64Kの専用線路を開通してもらい，すべての機能を利用できるインターネットへのフル機能アクセスが可能になった。そして，94年から97年までは，政府が全面的にインターネットのインフラ整備を主導し，金融，決済関係など基礎インフラに係わるプロジェクトを推進した第2段階である。

1997年から2002年までの第3段階はインターネット利用の急速拡大期である。第2段階では，上海や北京など少数の地方政府しか公衆向けのサイトを開放していなかったが，この時期になると，地方政府主導の公衆ウェブサイトや，ATMブロードバンドネットワークなどが全国範囲内で実用化に至った。

2002年から2008年までの第4段階は，中国のインターネットがさらなる発展を遂げた時期である。なかでも注目すべくは，2002年になると，中国が世界一の固定電話網規模とユーザー数および世界最多の携帯電話利用者数を持つ情報産業大国となったことである。

2008年以降，中国におけるモバイル・インターネットの利用者数は2億人を超え，インターネットユーザー数の6割を上回るようになった（図表3-3）。中国のインターネットの発展は，モバイル・インターネットが普及する

図表3-3　中国のモバイル・インターネット利用者数

（出所）　CNNIC（2015），28頁。

第5段階に入った。

こうして，インターネットの発展はインフラの準備だけでなく，中国人ユーザーの情報獲得の手段を変え，中国のインターネット・ビジネスの将来性や発展方向を規定するものでもある。

次に，中国におけるインターネット・ビジネスの発展をビジネス・モデルの推移で見てみよう。

中国において，インターネットを利用してビジネスを立ち上げようとする努力は，早くも1990年代半ばから始まった。そうした中インターネット起業の第一波は1997年に到来し，その年から2000年までの数年間にインターネット企業が集中的に設立され，今日の大手インターネット企業のほとんどが成立に至った。サクセニアン［2008］）が明らかにした「海外ベンチャー・キャピタル＋帰国組」の起業パターンは一般的であった。このインターネットによる起業の初期においては，ネット企業のビジネス・モデルが未確立なため，収入は主に広告に依存していた。

ITバブル崩壊（2000年）後の短い調整期を経ると，VCが中国での投資を再開し始めた。これを受けて，2002年以降は新たなビジネス・モデルの模索期となった。各社は，有料メール・サービスやショート・メッセージ，オフラインサービスへの注力など，様々な方法を実践し，その結果，2000年代の半ばになると，大手ネット企業が次第に黒字化を実現した。

こうして，2004年から2008年ころまでは企業や業界の再編をともなったビジネス・モデル統合の時期である。そして2008年以降は，モバイル・インターネット，クラウドコンピューティング，ビッグデータなど新技術のもとで，プラットフォームやエコシステムを形成しようとする転換期である。

第3節　中国のインターネット産業における寡占化

1. 中国におけるインターネット・ビジネスの現状

2014年，中国のインターネット利用者数は6.5億近くに達し，中国の全人口の半数に当たる規模である。これにともなってインターネット経済の規模も拡

大してきている。インターネット・ビジネスの最も大きな領域である電子商取引（EC）を取ってみると、図表3-4に示されているように、その規模は年年拡大しており、2014年の実績は13.4兆人民元（214兆円）に達している。

図表3-4　中国電子商取引規模の推移

（出所）李穎主編（2013），162頁；中国電子商務研究中心（2015），9頁。

通常、電子商取引は、取引主体別で、企業間取引（所謂B2B）、企業・個人消費者間取引（所謂B2C）および個人対個人間取引（所謂C2C）という3種類の取引関係に分けられる。中国の電子商取引のうち、企業間取引（B2B）金額は10兆人民元であり、全体の4分の3を占めている。小売り（B2C，C2C）は2.82兆元で、中国の小売り総規模の1割強（10.6%）を占めている。

国境を越えた国際電子商取引の規模も4.2兆人民元に達し、33%の年間成長率で急速に拡大している。そのうち93.5%がB2Bであり、B2Cは6.5%を占める。図表3-5はB2C分野の日米中3ヶ国間の国際取引の規模を示している。

図表3-5　中・日・米間の越境B2C－EC規模（2013）

（単位：億円）

国（消費者）	日本からの購入額	米国からの購入額	中国からの購入額	合計
日本		1,736	179	1,915
米国	4,323		2,875	7,197
中国	3,902	4,171		8,072
合計	8,224	5,906	3,054	17,184

（出所）経済産業省（2014）『平成25年度電子商取引に関する市場調査報告書』，74頁。

62　第 I 部　中国 ICT 企業はいかに国際競争力を獲得したか

同表で，中国の B2C─EC を介した輸入が多く，輸出はまだ少ないことが見られる。

2. インターネット企業の寡占化

　中国のインターネット産業における寡占化は次のようなプロセスを経てきた。2000 年代初頭はネット企業の草創期である。図表 3-6 に示されているとおり，ウェブサイトの利用者数でみれば，上位企業の間には大きな差はなく，当時の企業集中度はまだ低かったということが窺える。2000 年代に入り，とりわけ 2001 年末の WTO 加盟後，外資系 ICP の進出が多くなったものの，同表で観察すれば，2007 年ユーザー数上位 5 社を占めるのが全員中国企業である。2000 年代半ば以降，Sina，Sohu，Netease，shanda.net，テンセント，バイドゥとアリババなど中国インターネット企業が「インターネット七雄」と呼ばれるようになり，企業の集中度は若干高まった。

　現在は，バイドゥ，アリババ，テンセントが「BAT」と呼ばれ，この 3 社しかプラットフォーム地位への競争ができず，いわゆる 3 社鼎立の時代へとシフトしつつある。このことは，以下の資料で確認できる。

図表 3-6　上位ウェブサイト一覧
(2001 年 2 月 -2007 年 6 月)

順位	2001 年の上位 10 社	2001 年のユーザー数 (単位：万人)	2007 年の上位 5 社
1	sina.com.cn	460	baidu.com
2	sohu.com	450	qq.com
3	163.com (Netease)	400	sina.com.cn
4	chinaren.com	300	sohu.com
5	yahoo.com	230	163.com (Netease)
6	microsoft.com	210	
7	etang.com	200	
8	163.net	190	
9	263.net	160	
10	china.com	130	

(出所)　エリック・ハーウイット著，高杉・黒川訳 (2011)，119 頁，原資料は IAMASIA corporate survey (2001) と AlexaInternet Inc. (2007) の調査結果。

中国では，統計資料の未整備で，インターネット・ビジネスを成立初期の時代から時系列で分析することが困難である。ここでは「中国互聯網企業 100 強」（中国の「インターネット企業ベスト 100 社」）という限られる資料でインターネット企業の寡占化の現状をみる。この「インターネット企業ベスト 100 社」とは，中国のインターネット企業の業界団体である中国インターネット協会と情報通信産業を主管する政府機関である工業と情報化省の情報センターとが 2013 年から公表し始めた，企業の売上高規模，成長性，発展の質，雇用への貢献度，業務規模，技術革新及び社会的責任の履行状況を含む複眼的な指標で加重平均計算点数に基づいた企業のランキングである。

2014 年版（2013 年実績）のインターネット企業ベスト 100 社の構成は図表 3-7 の示しているとおりである。この表から読み取れるとおり，ベスト 100 社における上場企業数は 6 割近くを占め，「中国電子信息企業百強（中国電子情報企業ベスト 100 社)」と比べれば上場企業数は明らかに多い。しかも，上場企業のうち，海外で上場している企業数は他産業よりはるかに多い。これは，中国のインターネット・ビジネスの成立には，海外 VC が密接に関わったからである。

図表 3-7　インターネット企業ベスト 100 社における上場企業の概要

(時価は 2014 年 7 月 31 日時点のものである)

	時価総額 （単位：億人民元）	社　　数
香港	10,155.91	10
NYSE 及び NASDAQ	12,397.07	31
上海及び深圳証券取引所	2,190.42	16
合計	24,674.15	57

(出所)　中国互聯網協会，工業和信息化部信息中心（2014），
4 頁。

中国のインターネット・ビジネスの市場構造を見てみると，図表 3-8 に示されているとおり，最大の分野は電子商取引であり，次いでオンライン・ゲーム，総合ポータル・サイトなどである。しかも，上位分野の収入額の差が大きい。そのうち，電子商取引の収入額は 2 位のオンライン・ゲームの倍以上である。こうした市場構造のなかでアリババ，テンセント，バイドゥ 3 社はそれぞ

64　第Ⅰ部　中国 ICT 企業はいかに国際競争力を獲得したか

図表 3-8　インターネット企業ベスト 100 社の業務類型別企業数と収入総額

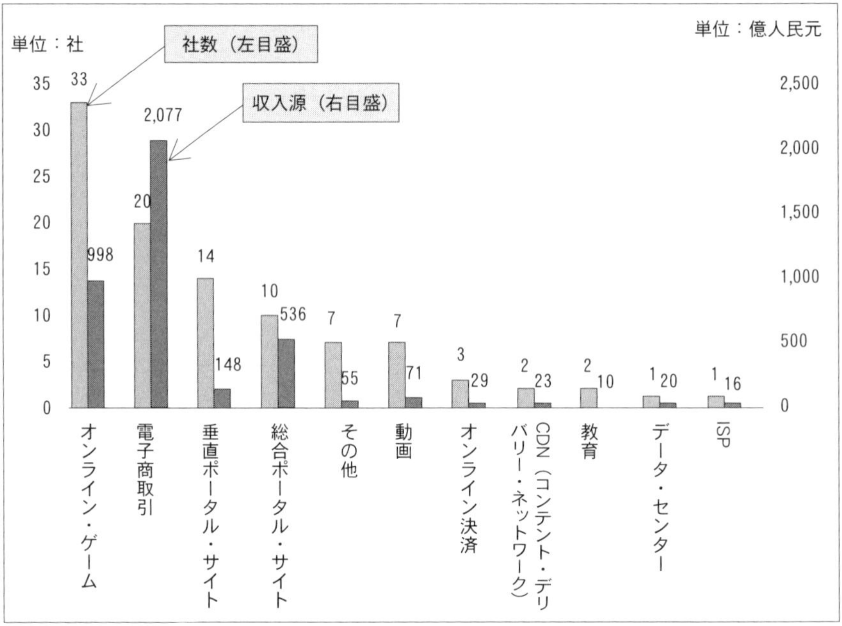

単位：社　　社数（左目盛）　　　　　　　　　　　　　　　　単位：億人民元

収入源（右目盛）

業務類型	社数	収入源
オンライン・ゲーム	33	998
電子商取引	20	2,077
垂直ポータル・サイト	14	148
総合ポータル・サイト	10	536
その他	7	55
動画	7	71
オンライン決済	3	29
CDN（コンテンツ・デリバリー・ネットワーク）	2	23
教育	2	10
データ・センター	1	20
ISP	1	16

（出所）　中国互聯網協会，工業和信息化部信息中心（2014），6 頁。

れ上位 3 分野のリーダーとなっている。

　1 社当たりの収入額で見ると，電子商取引分野が 104 億人民元で最も多い。その次に総合ポータル・サイトの 53.6 億元，オンライン・ゲームの 30 億元が続く。分野別に企業の収入規模が異なっている。

　企業ベースで見ると，2013 年に 100 社のトップ 20 社は収入総額の 80% を占めている。2014 年になると，トップ 10 社が収入総額の 9 割以上を占めるようになった。すなわち，インターネット産業の集中度が高まり，寡占化が進んだ。

　BAT3 社の状況を見てみよう。3 社の 2012 年度収入の合計は 1,000 億人民元を超えており，100 社の収入総額の半分以上を占めている（中国互聯網協会，工業和信息化部信息中心［2014］）。以上から，BAT3 社はトップ 3 の位置を占め，中国市場におけるグローバル寡占化した最大手インターネット企業である

ことがわかる。

そこで次節では，第2節で提示した分析フレームワークを用いて，こうした寡占企業3社のビジネス・モデルがいかに形成されてきたかを考察する。

第4節　寡占インターネット企業3社におけるビジネス・モデル

1. テンセント社とバイドゥ社

(1)　テンセント社

テンセント社は，中国語で「騰訊」と標記される。当社は1998年に深圳で設立され，SNS，インスタント・メッセンジャー（以下IMと略記），Webホスティング・サービスなどを提供する。当社は2004年に香港証券取引所に上場し，2008年に香港ハンセン株価指数の構成銘柄になる。2014年の売上高は789.3億元に達し（図表3-9），営利能力最高のネット企業と言われている。図表3-10に示されているとおり，当社収入の大部分はオンライン・ゲームから得ている。それは，当社のIMアプリであるPC用のQQとスマホ用のWechatが世界中に使われており，3億以上の利用者を擁しているからである。

図表 3-9　テンセント社収入と利益額の推移

（単位：億人民元）

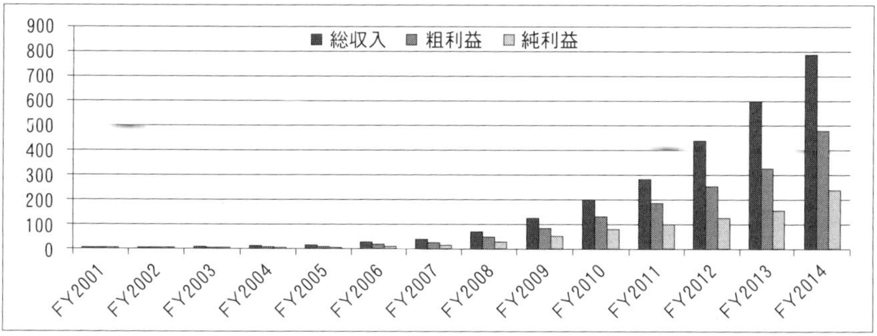

（出所）　当社各年度年次報告に基づき作成。

図表 3-10 業務分野別収入の内訳

(単位：億人民元)

事業分野	2014 年		2013 年	
	収入	割合	収入	割合
付加価値サービス	633.10	80%	449.85	75%
ネット広告	83.08	11%	50.34	8%
電子商取引	47.53	6%	97.96	16%
その他	25.61	3%	6.22	1%
収入総額	789.32	100%	604.37	100%

注：付加価値サービスは主に SNS 関連有料サービスとオンライン・ゲームからなる。
(出所)　図表 3-9 に同じ。

　創業者の馬化騰は広東省の地方大学である深圳大学出身の技術者である。彼は，当時インターネットで流行っていた海外の IM アプリの ICQ に惹かれ，リバース・エンジニアリングと模倣で多くの機能を ICQ に追加・統合して，その中国バージョンである OICQ[8] を開発した。テンセント社の M&A は国内の小規模企業に対して展開されてきた。海外では 2010 年に ICQ 関係のロシアの DST 社への投資，2011 年にアメリカのゲーム会社への投資，そして近年になると当社は，図表 3-11 でまとめているように，モバイル・インターネット関連や金融，生活情報など多岐にわたる分野へ投資を行っており，IM アプリで囲い込んだユーザーに，あらゆるサービスを提供できるプラットフォームを構築することによって，競争優位を確立・拡大しようとしている。後述するが，BAT3 社の他の 2 社も類似した考えを持っており，3 社はこうしたプラットフォーム，あるいはアリババの言葉で言えばエコシステムの構築で激しい競争を繰り広げている。

　テンセント社設立当初の VC として，アメリカの IDG と香港の盈科デジタルが 220 万ドルを投資し，40％の株を取得した。その後，両社は撤退し，上場直前の時点では，NASDAQ とアムステルダムの証券取引市場で上場している MIH という投資会社と創業者チームとがそれぞれ 50％を持つ構成であった。テンセント社との交渉，コーディネーションに携わった MIH のアメリカ人地域副総裁がその後 MIH を辞め，テンセントに入社した。

　当社の M&A を時期的に見ると，2004 年の年間 M&A 総支出額は 1 億元余

図表 3-11　テンセント社による M&A の一部

時間	M&A 先	業種	買収金額	取得した株の割合
2012 年 7 月	財新メディア	マスメディア	5,648 万人民元	19.8%
2012 年 8 月	深圳瓶子科技	スマートフォン・アプリ	6,000 万人民元	100.0%
2012 年 8 月	衆安オンライン	財産保険		15.0%
2012 年 9 月	通卡網絡	外食マーケティング	1,000 万米ドル	100.0%
2012 年 12 月	美麗説	ショッピング・ガイド	n.a.	n.a.
2013 年 1 月	歓楽淘	モバイル・ショッピング・ガイド	n.a.	n.a.
2013 年 4 月	滴々打車	タクシーリアルタイム情報	1,500 万米ドル	n.a.
2013 年 7 月	米 Activision Blizzard, Inc	ゲーム	14 億米ドル	6.0%
2013 年 9 月	sogou	検索，漢字入力法など	4.48 億米ドル	36.5%
2014 年 2 月	大衆点評	口コミサイト	4 億米ドル	20.0%
2014 年 6 月	58 同城	都市コミュニティ・サイト	7.36 億米ドル	19.9%

（出所）『中国経済和信息化』（2013），羅秋雲（2013），袁茵（2014）より筆者作成。

りであり，Foxmail という優れた性能を持ち，数百万人規模の愛用者を擁するアプリソフトを買収し，テンセントの技術統合に貢献したと思われる。より巨額の M&A は，2010 年代に入ってから実施され始めたのである[9]。

　テンセント社の事例では，技術の先進性よりも，マーケティングとゲームを中心とした機能の統合がユーザーの囲い込みにつながった。これが，テンセントの特徴である。

(2)　バイドゥ社

　アメリカからの帰国組技術者であるロビン・リー（李彦宏）が 2000 年 1 月にバイドゥを創設した。当社は，創設当初から中国語（漢字）検索エンジンの開発に特化し，中国語検索サービスを当時の大手ポータルサイトに提供した。その後，バイドゥは自社ウェブサイト baidu.com を立ち上げ，中国語検索エンジンの強みに加え，若者に人気のあるコミュニティやマルチメディア・サービス（画像・動画）を拡充したことで，著作権など様々な問題を抱えながらも，中国ユーザーを引き付けた。その結果，当社は 05 年に NASDAQ 上場を実現し，今や世界の検索エンジン市場において Google に次ぐ第 2 位に至っている。当社収入のほとんどが検索関連業務そして中国国内から得ている（2014 年バイドゥ社年次報告書，76 頁）。

図表 3-12　バイドゥ社収入額と利益額の推移

(単位：億人民元)

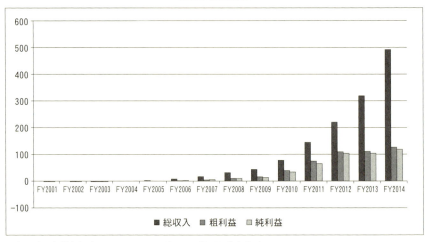

(出所)　当社各年度のアニュアルレポートに基づき筆者作成。

　当社の技術開発においては，創業者の李彦宏と中国語に特化した開発経験を持つ国内技術者劉建国との連携で，世界のトップレベルの開発ができたと言われている。さらに，李は同時に新しいビジネス・モデルを考え出した有能な経営者でもある。

　バイドゥ社のVC導入を見てみると，まず，創業者の李は自分のもつ技術能力と中国語検索エンジンのビジネス応用の将来性でVCを説得し，1999年，Integrity Partner（米）などVC2社が共同で120万ドルを投資することになった。李は，このシリコンバレーで得た投資を北京へ持ち帰り，バイドゥの事業を開始したのである。そしてその翌年，アメリカのDFJ，IDGが共同で1,000万ドルをバイドゥ社に投資した。バイドゥは2004年に黒字化を達成した[10]。

　バイドゥ社に自立をもたらしたのが，「pay for performance」という企業向けに提供された有料検索サービスである。このサービスを支えるP4P技術の開発は，創業者である李とCTOを務める劉によるところが大きい。その他の技術を手に入れ，モバイル時代の競争優位を獲得するために，バイドゥは図表

3-13 にまとめられているように，国内の動画サイト，OS，写真美化アプリ，旅行代理・予約サイトなどの買収を行ってきた。

こうして，バイドゥ社の事例では，創業者が技術的優位を持ち，ビジネスへの理解も持っている。そのため，VC の役割は主に当社の研究開発を資金の面で支えたことにある。

図表 3-13　バイドゥ社による M&A

時　間	M&A 先	業　種	買収金額	取得した株の割合
2011 年 7 月	qunar.com	トラベル・サイト	3.06 億米ドル	n.a.
2011 年 11 月	百伯	ネット・リクルート	1 億人民元 +	n.a.
2011 年 11 月	魔図精霊	画像美化アプリ	千万米ドル	n.a.
2011 年 12 月	知我ネット	化粧品販売サイト		n.a.
2012 年 8 月	愛奇芸	ネット・ビデオ配信	4,500 万米ドル	39.1%
2013 年	北京風霊創景	OS	n.a.	n.a.
2013 年 5 月	PPS	ネット・ビジネス配信	3.7 億ドル	100%
2014 年前半	nuomi.com	グループ・ショッピング	1.6 億米ドル	59%

（出所）　図表 3-11 に同じ。

2.　アリババ社

(1)　企業概要

アリババ社は，1999 年に馬雲（ジャック・マー）により浙江省の杭州市で創設され，B2B マーケット・プレースである Alibaba.com で急成長を遂げた。現在の主業務は図表 3-14 のとおり，B2B 以外に，C2C の Taobao.com，B2C の Tmall，グループ・ショッピング・サイトの juhuasuan などがある。当社はさらにクラウドコンピューティングやオンライン決済のアリペイなどを付け加えている。2015 年度第 1 四半期の売上高は 28.1 億米ドルで，うち約 9 割は国内から得ており，海外から得た売上高は 1 割弱（9%）にすぎない。

図表3-14 アリババ社の主要業務分野

(出所) Alibaba Group の日本語版 HP。

(2) アリババ社における VC の役割

　1999年，ゴールドマン・サックス（同社の蔡崇信は後にアリババの CFO となった），Transpac Capital，Invest AB of Sweden など投資会社が共同で500万ドルをアリババ社に投資した。ソフトバンクが2000年に2,000万ドルを投資した。その後2004年に，ソフトバンク（6,000万ドル）と Granite Global Ventures，TDF などが合計8,200万ドルを投資した。こうして，アリババ社は VC から資本だけでなく，マネジメント知識の導入をも図った[11]。

(3) アリババの発展における Yahoo China 買収の意義

浙江省は中国の改革開放以来中小企業が急速な発展を遂げてきた地域であり、アリババはこの浙江省という地元に根ざし、VC の協力を得て B2B という中小企業のニーズに応えたビジネス・モデルを開発できたのである。ところが、図表 3-16 で見られるように、現在、アリババ社の主要収入源は B2C と C2C 業務である。単一な B2B 事業から今日のアリババのような規模拡大と分野転換を実現するためには、資本金の問題、マネジメント上の課題と技術上の問題が必ずともなう。これらをクリアするためには、図表 3-17 に示されている Yahoo China に対する M&A があらゆる面において大きく寄与した。

この M&A は、2005 年 8 月に発表され、主に次のような内容からなる。Yahoo のアメリカ本社は日本のソフトバンクから後者所持の Taobao.com（2003 年設立）株を 3.6 億ドルで取得し、現金 6.4 億ドルと併せて 10 億ドルとしてアリババに渡す。現金に付け加えて一緒にアリババ社に譲渡されたのは Yahoo China 傘下のすべての事業体、つまり、技術、人材などを含めて Yahoo China の全資産であった。これにたいしてアリババ社は Yahoo 本社に 40％の株を譲渡する、という取引であった。Yahoo の検索技術、ポータル・サイト、

図表 3-15 アリババの主な経営指標
（2012 〜 2014 年，3 月を年度末とする年度）

	2012 年	2013 年	2014 年
総収入	200.3	345.2	525.0
中国国内	156.4	291.7	451.3
国際	37.7	41.6	48.5
クラウド・コンピューティングとインターネット・インフラ	5.2	6.5	7.7
その他	1.1	5.4	17.5
営業利益	50.2	107.5	249.2
純利益	46.7	86.5	234.0

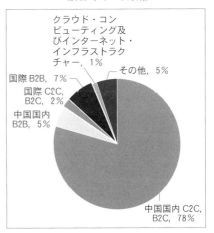

図表 3-16 地域・業務種類別収入の割合
（2015 年 4 〜 6 月期）

（出所） Alibaba Group の四半期報告に基づき筆者作成。

図表 3-17　Yahoo China の買収による戦略的資産の取得

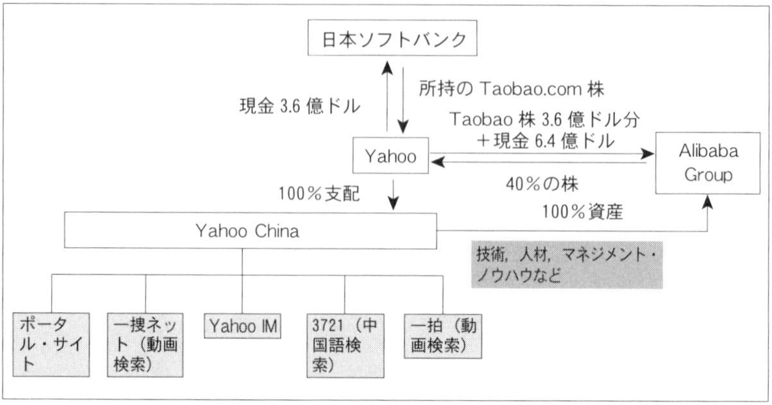

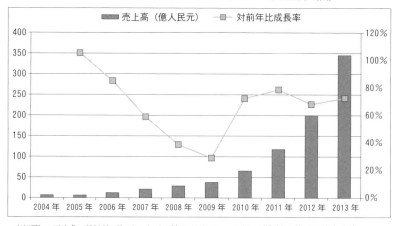

(出所)　全球併購研究中心 (2007), 47-50 頁。

図表 3-18　Yahoo China 買収後におけるアリババ社売上高の推移

(出所)　王氷叡 (2010) 及びアリババ社の IPO ファイリング資料に基づき筆者作成。

IM などはアリババにとって必要で，しかし，容易に入手することのできない，いわゆる戦略的資産である。この戦略的資産を取得した結果として，図表 3-18 に示されているとおり，2005 年以降はアリババの離陸期であり，Yahoo China にたいする買収で取得した資金，技術，組織マネジメント能力がこうした収入額の急拡大を大きく支えたと考えられる。

第3章　アリババ社はいかに国際競争力を獲得したか　　73

図表 3-19　アリババが実施した M&A の一部

時間	M&A 先	業種	買収金額	取得した株の割合
2009 年 6 月	UC 優視	携帯端末用パラウザー	n.a.	n.a.
2011 年 7 月	美団	グループ・ショッピング	5,000 万米ドル	n.a.
2012 年 1 月	天宇朗通通信設備公司	通信機器	n.a.	n.a.
2012 年 8 月	衆安オンライン	金融保険	n.a.	19.9%
2012 年 8 月	陌々	SNS	4,000 万米ドル	n.a.
2012 年 10 月	丁丁網 (ddmap.com)	都市生活情報検索	数千万ドル	n.a.
2013 年 1 月	蝦米網 (xiami.com)	音楽サイト	n.a.	n.a.
2013 年 4 月	友盟 (Umeng)	モバイル・アプリ開発者向けサイト	8,000 万ドル	n.a.
2013 年 4 月	新浪 (SINA) twitter	SNS	5.85 億米ドル	18%
2013 年 5 月	高徳地図	地図	2.94 米ドル	28%

（出所）　図表 3-10 の資料に『英才』(2013) を加えて筆者作成。

　その後，アリババ社は 2010 年に，米国の B2C ウェブサイト Vendio 社に対する買収を実施した。そして，アリババはエコシステムを構築し，最大のライバルであるテンセントとバイドゥ社と競争するために，図表 3-19 にまとめられているような M&A を行った。

第 5 節　おわりに

　以上，本章は BAT のビジネス・モデルの形成，なかでも M&A をつうじた技術の取得を考察した。3 社は，ベンチャー・キャピタルの支援を受けて M&A を積極的に行うという点においては共通している。

　ところが，技術者出身でない起業家が創設したアリババ社が，より大きな技術上の課題に直面していた。本章の事例研究でアリババ社は Yahoo China へのクロスボーダー M&A（対外直接投資）をつうじて戦略的資産を入手し，技術を取得して国内で寡占的な地位を獲得しただけでなく，ひいては海外進出もし始めていることが明らかになった。

　そこで本章の考察で，インターネット・ビジネスの分野においても，中国企

業が対外直接投資を通じて戦略的資産取得を行っているビジネス・モデルがあることが，明らかになった。これがアリババ社の多国籍企業化を大きく支えたのである。

〈注〉

1　丸川・中川編著（[2008]，12-14 頁），Dunning John H. and Rajneesh Narula（1996），UNCTAD（2006）及び Buckey, et al.（2007）を参照。

2　エリック・ハーウィット著，高杉耕一・黒川　章訳（2011），92-108 頁を参照。

3　前掲書，110-111 頁を参照。

4　Rebecca Fannin（2010），Thomas J. Lee（2013）。

5　U. S. D. C., 1998, p.10, OECD, 1999, p.80。

6　本項は劉・李 [2005]，と CNNIC [2015] 及び CNNIC オフィシャル・サイトの「中国インターネット大事記」などの記述を基にしている。

7　中国互聯網絡信息中心（2015）。

8　現在，その愛用者間の愛称である QQ の方が本来の名称より世に知られている。

9　周義博（2012），20-37 頁を参照。

10　程（2009），27-80 頁。

11　陳（2014）。

〈参考文献〉

Buckley, Peter J., Jeremy Clegg, Adam R. Cross and Xin Liu（2007）"The determinants of Chinese outward foreign direct investment", *Journal of International Business Studies*, 38, pp.499-518.

Dunning John H. and Rajneesh Narula（1996）"The Investment Development Path Revisited: Some Emerging Issues", in John H. Dunning and Rajneesh ed., *Foreign Direct Investment and Governments: Catalysts for Economic Restructuring*, Routledge.

Edward Tse（2015）*China's Disruptors : How Alibaba, Xiaomi, Tencent and other Companies are Changing the Rules of Business*, Portfolio/Penguin.

OECD（1999）*The Economic and Social Impacts of Electronic Commerce.*

Rebecca Fannin（2010）*Why Google is Quitting China.*（http://www.forbes.com/2010/01/15/baidu-china-search-intelligent-technology-google.html）[アクセス：2016/03/27]

Thomas J. Lee（2013）*Google's Problems in China: Finding the Right Approach*, Georgetown University 修士学位申請論文。

U.S.D.C（1998）*Digital Economy.*

UNCTAD（2006）*World Investment Report: FDI from Developing and Transition Economies: Implications for Development*, United Nations, http://unctad.org/ en /Docs/wir2006_en.pdf.

アナリー・サクセニアン著，酒井泰介訳（2008）『最新・経済地理学：グローバル経済と地域の優位性』日経 BP 社。

エリック・ハーウィット著，高杉耕一・黒川章訳（2011）『中国の情報通信革命』NTT 出版。

張燕編著，永井麻生子訳（2013）『ジャック・マー　アリババの経営哲学』株式会社ディスカヴァー・トゥエンティワン。

夏目啓二（2004）『アメリカの企業社会』八千代出版。

夏目啓二・陸云江（2014）「中国 ICT 企業の競争優位－レノボ社の国際競争力」夏目啓二著（2014）『21 世紀の ICT 多国籍企業』同文舘。

夏目啓二・陸云江（2015）「中国通信機器企業の国際競争力－ファーウェイを中心として－」龍谷大学『経営学論集』第 54 巻第 3・4 号（3 月），19-35 頁。

丸川知雄・中川涼司編著（2008）『中国発・多国籍企業』同友館。

陳玉新（2014）『馬雲的局：阿里巴巴上市内幕』中国法制出版社。

程東昇（2009）『李彦宏的百度世界』中信出版社。

方興東（2015）『阿里巴巴正伝：我們与馬雲的「一歩之遥」』江蘇鳳凰文芸出版社。

胡珺喆（2014）『移動互聯網之巓：騰訊 vs 阿里巴巴』人民郵電出版社。

荊林波（2009）『阿里巴巴集団考察：阿里巴巴業務模式分析』経済管理出版社。

賀佳（2014）「我国互聯網行業投融資動向評析」（http://www.miit.gov.cn/n11293472/n11293832/n15214847/n15218234/16164103.html，アクセス：2015 年 9 月 8 日）。

李穎主編（2013）『中国 IT 産業発展研究報告（2012 ～ 2013）社会科学文献出版社。

劉益東・李根群（2005）『中国計算機産業発展之研究』山東教育出版社。

羅秋雲（2013）「騰訊開啓全球化遊戯戦略：14 億米元投資暴雪」『IT 時代週刊』第 17 号，58-59 頁。

全球併購研究中心（2007）『中国十大併購』中国経済出版社。

王　巍責任編著（2002）『中国併購報告』華夏出版社。

王水叡（2010）「阿里巴巴首次渉足海外収購」（アリババ初の海外における買収）『IT 時代週刊』第 15 号（8 月 5 日），60-61 頁。

葉建芳・俞　悦（2012）「VIE 結構対我国互聯網海外融資的利和弊」『財会学習』第 6 号，20-23 頁。

『英才』（2013）「阿里巴巴的併購戦車」第 6 号，20 頁。

袁　茵（2014）「怎様拿到騰訊的銭」雑誌『中国企業家（China Entrepreneur)』第 14 号号（7 月），74-85 頁。

中国互聯網協会，工業和信息化部信息中心（2014）「2014 中国互聯網企業 100 強（2014 年中国のインターネット企業ベスト 100 社）」。

『中国経済和信息化』（2013）「BAT 併購卡位」第 12 期，12-13 頁。

中国互聯網絡信息中心（2015）『中国互聯網絡発展状況統計報告』。

中国電子商務研究中心（2015）『2014 年度中国電子商務市場数拠監測報告』（http://www.100ec.cn/detail-- 6242607.html，アクセス：2015/04/30）。

庄恩岳・王明珠編著（1999）『風険投資与案例評析』中国審計出版社。

周義博（2012）『騰訊創業内幕』浙江人民出版社。

第 II 部

「技術者による技術移転」に基づく競争優位

第4章

「技術者による技術移転」に関する理論的検討

第1節　はじめに

　中国は，「世界の工場」と言われるまでに成長し，そして実質GDPで世界第2位の経済大国となっている。しかし，中国企業のほとんどが低付加価値の労働集約的産業分野あるいはハイテク産業のローエンドな部分しか握っておらず，その技術開発能力が依然として低い，と言われている[1]。ところが，こうしたなかでも，中国のICT産業においては，世界的にも高く評価される中国語情報処理技術[2]とその製品化など，いくつかの技術進歩が存在している[3]。

　それでは，これらの技術進歩が如何にもたらされたのだろうか。企業の技術進歩の達成には，自力で技術開発するか，もしくは外部からの技術協力を得て開発するか，という2つの方法がある。中国のICT産業においては，中国企業と国内の研究機関が充分な研究開発能力を持っていないという状況のなかで，中国企業は主に海外からの技術移転を受けて，これらの技術革新をなし遂げたと思われる。

　外国企業からの技術移転に関して言えば，中国企業が技術貿易をつうじて先進国多国籍企業から必要な技術を導入したとは思われない。というのは，技術が企業の競争力を規定する諸要因のなかでも，重要な要因の1つであり，先進国多国籍企業は海外生産移転に必要不可欠な技術やノウハウ，そして成熟化した製品技術を除けば，後発国企業への技術移転には消極的であるからである。ましてや技術革新につながるような高度な技術にたいしてかれらは，いっそう技術の秘匿に腐心することは言うまでもない。

　それでは，中国企業が，外国企業から技術を入手するには，どのような方法があるのだろうか。知識・経験と技能の集合としての技術は，① 機械設備，

工具，部品などハードウェア，②仕様書，マニュアル，図面などソフトウェアと，③技術者，技能工など，により構成され，それぞれの構成要素の移転が可能である[4]。こうした技術移転の諸経路のなかでは，③の「技術者による技術移転」も1つの経路に過ぎない。しかしながら，①と②の技術移転に様々な制限を受けている後発国の企業にとって，③の経路は，技術移転の重要なチャンネルとなる可能性がある。なぜなら，多国籍企業が就業規則，知的所有権関連の法律などにもとづいて，技術者たちの離職や再就職に関与できるとしても，その影響力は一定の期間・範囲内に止まるからである。

　こうした「技術者による技術移転」は，台湾と中国大陸で現実に起きている。台湾の場合，1960年代の「頭脳流出」（Brain Drain）で人材が渡米し，アメリカで教育を受けた後，技術者として育成された。そして80年代以降「頭脳循環」（Brain Circulation）が起き，多くの技術者が，台湾に戻って起業する，あるいは現地企業に入社するようになった[5]。中国大陸の場合，90年代半ば以降，米系多国籍企業が中国でのR&D投資をつうじて優秀な中国の現地技術者を囲い込んだ。ところが今日では，多国籍企業の中国R&D拠点から中国の研究機関や企業などへの技術者の移動が始まっている[6]。このように中国ICT産業の技術進歩においては，こうした「技術者による技術移転」が技術移転の重要なチャンネルとなっているのである。このことを明らかにすることが本書第2部の目的である。

　そこで本章を展開するに先立って，まず，ICT産業，技術，技術進歩，ICT技術者，技術移転など基礎的な概念を定義し，ICT産業における技術，産業構造，競争構造，国際分業などに関する理論的再検討をおこなう。

第2節　ICT産業における産業構造・競争構造の転換

1. ICT産業の定義と特徴

(1) ICT産業の定義

　ICT産業の定義とその範囲および区分については，アメリカ商務省の定義，NAFTAの定義，OECD（2008）の定義，および国連の定義の4つがあげられ

る[7]。ここでは，アメリカ商務省の定義・分類と，OECD のそれを比較してみる。すなわち，アメリカ商務省の定義で，IT 産業とは，「インターネットや電子商取引など，経済全体にわたり IT を利用した事業活動を支援する製品やサービスを供給する企業群」[8] と捉える。

また，図表 4-1 に示されるように，IT 産業は，コンピュータのハードウェアとソフトウェア／サービス産業，ラジオ・テレビといった電信電話機器などの通信機器産業，電話・テレビ放送・ケーブルテレビ放送などの通信サービス業を包括する。

OECD（2008）はアメリカ商務省とほぼ同義で情報通信産業を ICT と呼称している。ICT 産業は，電気通信サービス，エレクトロニクス，IT 機器・システム，専業半導体，ソフトウェア，インターネット，通信機器，IT サービスの 8 つの産業部門を包括する。本書では，OECD の定義と分類がデータによりサポートされており，使いやすさが優れているため，ICT という用語を採用する。

図表 4-1　米国商務省の IT 産業分類

ハードウェア産業	ソフトウェア／サービス産業
コンピュータおよび機器	コンピュータ・プログラミング・サービス
コンピュータおよび機器の卸売・小売	パッケージ・ソフトウェア
計算機および事務機器	ソフトウェアの卸売
磁気式，光学式記録媒体	ソフトウェアの小売
電子管	コンピュータ統合システム設計
プリント配線板	コンピュータ処理，データ準備
半導体	情報検索サービス
受動電子部品	コンピュータ・サービス管理
産業用測定機器	コンピュータレンタルおよびリース
電気測定機器	コンピュータ・メインテナンスと修理
研究用分析機器	コンピュータ関連サービス
通信機器産業	通信サービス産業
家庭用 AV 機器	電信・電話通信
電信電話機器	ラジオとテレビ放送
ラジオ・テレビ通信機器	ケーブルとペイＴＶサービス

（出所）U.S.Department of Commerce（2000），p23.

(2) ICT 産業の特徴

ICT 産業は次のような特徴をもつと言われている。まず，ICT 産業は，知識・技術集約的産業分野である。ICT 産業の中核的活動は情報の生産・加工・保存・伝送・開発と利用である。これら一連の活動は主として頭脳労働によって遂行される。次に，ICT 産業は，ハードウェアのサポーティング・インダストリー[9]がそれほど広くない産業分野である。自動車を生産するには 3 万点以上の部品が必要となり，素材は鉄鋼，ゴム，ガラスから IC，皮革まで幅広い産業分野にまたがり，様々な加工技術も必要である[10]。それとは対照的に，ICT 産業はサポーティング・インダストリーの幅が比較的狭い。半導体，コンピュータ，通信機器のいずれも部品点数はそれほど多くない。素材も比較的単一である。ソフトウェア産業の場合には，プログラミングがパソコン 1 台さえ持っていればできるといわれるように，物的条件の制限は少ない。

2. コンピュータ産業から ICT 産業へ──産業構造と競争構造の転換

1990 年代になると ICT 産業では，グローバルな規模で産業の構造転換が起きた。1980 年代までのコンピュータ産業は，汎用コンピュータの時代であった。汎用コンピュータを製造する企業は，企業内部に研究開発・製造・保守サービスなど一連の活動（価値連鎖）を内部化する垂直統合型企業であった。しかしながら，1981 年に IBM がオープン・アーキテクチャー戦略をとったことにより，画期的な変化が生じた。IBM が自社の新製品 IBM/PC がどのように作られているかというパソコンの基本設計思想（アーキテクチャー）を公開したことにより，コンパックなど他のライバル企業も IBM/PC のアーキテクチャーにしたがって，自社ブランドでのパソコン生産，販売ができるようになった。こうした市場環境の変化により，大量の IBM 互換機が製造・販売され，IBM/PC が事実上の世界的標準（デファクトスタンダード）の地位を築いてきたのである。その結果，IBM のようなもともと自己完結的な企業でも，IBM/PC の要素技術の開発や周辺装置の製造を外部の専業企業に委託したり発注したりするようになった。かくして，専業企業相互間の補完関係や協力関係が形成され，ネットワーク型の競争構造が出来上がった[11]。

コンピュータ産業では，IBM，ヒューレット・パッカード（Hewlett-Packard

Company, 以下 HP と略す), 日本電気 (NEC Corporation, 以下 NEC と略す), 富士通などの大手企業は独自のアーキテクチャーにもとづく汎用コンピュータを自力で開発, 製造, 販売, 保守, リースしてきたが, ICT 産業では, どの企業もすべての活動をおこなう必要性がなくなり, オープンなアーキテクチャーにもとづいた他社との協力関係・補完関係を前提に, そのいずれかの機能を担うにすぎなくなった[12]。今日における世界のパソコン産業の例をとってみよう。パソコンのコア部分である CPU はほとんど米国のインテル社製か AMD 社製であり, マザーボードはほとんど台湾製で, メモリは韓国製が多い。ハードディスクは NEC, Seagate, West Digital 社などが有名である。ICT 産業が確立されていくにともない, コンピュータ産業は消滅していった。また, 汎用コンピュータの時代において, 技術と技術者が垂直統合型の大企業内に閉ざされていたのにたいして, ICT 産業になると彼らは, ネットワーク企業間で転職あるいは自らで起業しやすくなった。

3. グローバル資本主義と ICT 産業の新しい国際分業体系

　情報通信革命とグローバリゼーションが進展するなかで, こうした産業構造と競争構造転換の影響は 1 国内のみにとどまらず, ついには多国籍企業主導のもとでグローバルに展開されるようになった。すなわち, 先進国多国籍企業が世界中で最適の調達先・業務委託先企業を選出し, オフショア・アウトソーシングをおこなうようになった。これにもとづいて, 新しい国際分業が形成されるに至った。多くの台湾 ICT 企業がこうした新しい国際分業関係のなかで OEM (相手先ブランド製造) や EMS (電子機器の受託生産) 専業企業として台頭したのである。先行研究によって明らかにされているとおり, ICT 産業における新しい国際分業関係が台湾に発展をもたらした。そして, 台湾における産業発展はまた「頭脳還流」を促した。産業発展と技術者を通じた技術移転が相互に促進され, 好循環になったと言えよう[13]。

84 第Ⅱ部 「技術者による技術移転」に基づく競争優位

第3節 技術進歩と技術移転に関する理論的再検討

1. 技術

(1) 技術の概念

　技術は，「製品をつくるために企業や工場を設立するさいに必要な知識，経験と技能の総和」[14]，あるいは，「製品や技法の発明，外観設計，実用新型，動植物の新品種，そしてデザイン，アレンジ，メンテナンス，管理スキルなど，製品やサービスを提供するための体系的な知識」[15] として定義されている。このような定義から技術の包括範囲や具体的な形態が見えてくるが，技術と人間（ヒト），そして技術と機械設備などモノとの関係などを理解するためには，技術の本質について見る必要があると思われる。

図表4-2　技術概念の三角関係図

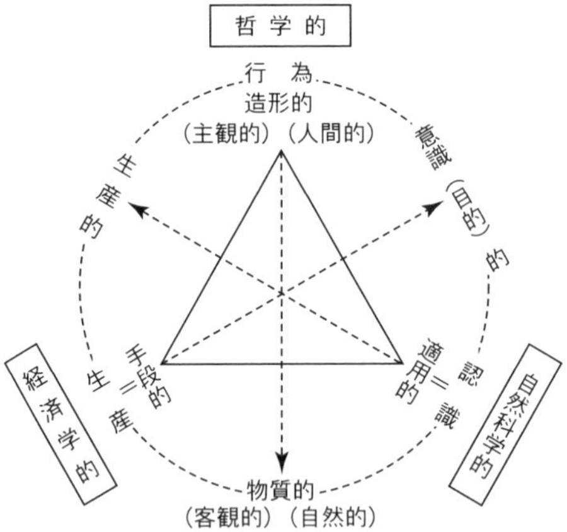

哲 学 的
行　為
造形的
（主観的）（人間的）
意識（目的）的
生産的
経済学的
手段的
生産
適用＝認識的
自然科学的
認識＝適用的
物質的
（客観的）（自然的）

（出所）　相川（1942），97頁。

　技術の本質については，日本における技術概念論はドイツ学派から大きな影響を受けつつ，「労働手段体系説」と「意識的適用説」を基軸に展開され，さらにその間に多様な折衷的主張がある。「体系説」では「技術は労働手段の社

会的体系」と見るのに対して，「適用説」は「技術は人間の実践における法則性の意識的適用」と見なす[16]。「体系説」は人間的要因を強調していない。しかし，人間は技術概念の2つの側面を結びつける重要な要因である。このような関係を図に表し，「人間的要因」の重要性を提唱したのが相川（1942）である（図表4-2）。一方，「適用説」は人間的要因を強調しすぎたがために，「技術の客観的定在を否定し，それを機能に解消する主観主義的規定である」[17]との批判を受けた。

　本書では，技術は「労働手段，労働，労働対象の結合方式である」[18]ととらえる。なぜならば，この定義は，労働手段，労働，労働対象という3生産要素の結合を考察・設計・指導する技術者の存在を考慮しているからである。技術は，①機械，設備，工具，部品などのハードウェア，②図面，仕様書，マニュアル，特許明細書，技術文献などの情報，③技術者，技能者に体化している，と理解される[19]。

(2) ICT 時代の技術と人間的要因

　技術は時代とともに進化し，技術の人間に体化される度合も技術の進化にともなって変化する。図表4-3は，技術概念における労働の諸要因の関係を示すものである。この図のなかで，①は労働の概念を示しており，つまり，労働とは，人間が道具や機械など労働手段を使って，原料など労働対象に働きかけることである。②は本書の技術定義を示している。人間と労働対象・労働手段との関係の変遷を考察すると，意味深いことがうかがえる。手工業時代では，人間は簡単な道具を使って労働対象に働きかけていた。換言すれば，「身体系労働手段」が主要な労働手段であった。したがって，技術における人間的要因（技能）の役割が大きかった。産業革命後の大工業時代に入ると，機械が労働過程における人間の役割を全面的に奪ってしまった。人間が機械の一部になるほどに，機械設備そのものが技術となった。ICT 時代に入った今日では，人間はコンピュータ操作やプログラミングなどの頭脳労働をつうじて機械を制御し，遠隔地からでも労働対象に働きかけることができる。上述した各時代における労働手段は概ね「身体系労働手段」―「『機械＝身体代替型』労働手段」―「神経系労働手段」の3段階を経てきた。「神経系労働手段」の段階にある現在では，人間に体化される技術の量が過去に比べてはるかに多く，人間

図表 4-3 人間的要因と技術概念

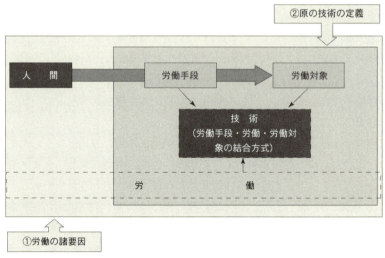

(出所) 原 (1960) の技術の定義にもとづき筆者作成。

の役割が増大してきたのである。

2. 技術進歩
(1) 技術進歩の概念

技術進歩に関する理論研究は，これまで主として経済学の分野においてなされてきた。例えば，新古典派経済学における技術進歩の理論，そして1980年代以来の「国家イノベーション・システム」論がある。経営学における技術進歩論は，主に研究開発や技術革新など関係する個別研究分野において展開されてきた。例えば，工業経営研究の分野である。こうしたなかで韓（2005）は，企業経営や企業間競争というレベルにおける技術進歩のあり方に対する研究は未だに充分になされていない，と指摘している[20]。

図表 4-4 にまとめられているように，技術進歩の規定に関する代表的な学説として，アメリカのマンスフィールド（1968），日本の中村静治（1977）と影山僖一（1982）があげられる。ただし，彼らの学説は技術進歩の内容や形態などについて示唆を与えうるが，本書の考察対象である，中国のような発展途上国の産業，企業の技術進歩も十分に考えた上で，包括的な見解を示しているも

のではない。

　本書では，技術進歩を「社会的生産実践において，生産力の促進を目的と

図表 4-4　技術進歩の概念を定義する主要学説の比較

	マンスフィールド説	中村説	影山説
定義	「技術変化（techmological change）は技術の進歩（the advance of technology）である。」新しい生産方法，新設計，組織・マーケティング・管理の新しい方法という形式をとる。	技術としては価値の上昇，労働生産性の増大が発展であり，進歩である，新技術が価値上昇と労働生産性の増大さえもたらせば，それが基づく「技術学法則あるいは工学法則」のレベルの高低には関係なく，技術進歩である。	「技術進歩のほとんどは生産要因に体化された技術革新（Embodied Technical Innovation）といってよい」，「労働節約という形態をとるのが，技術進歩の一般的な傾向ともいえる。」
主要観点	・技術進歩（＝知識の進歩）と生産方法の変化（＝現に使われている設備，製品および組織の性質の改変）とを区別している。 ・1つの新しい知識が最初に発見された時に技術進歩であるが，それがある人から他人へ伝達される場合は技術進歩とは言わない。	・技術進歩は通常技術的に新しいもの，新しい構造の労働手段の追加ないしそれらの機能の改良として現われる。 ・進歩過程を「生産上の経験の蓄積による一定の技術的な新しい着想」，「それに基づく創造的な行為―工夫と実験」および「実用化」（すなわち「工業化」）と3つの段階に区分した。	・継続的技術進歩の推進要因について，英米学者の見解を統合し，新製品に対する市場のニーズと供給のシーズとを有機的に結びつけ，継続的に新製品開発をもたらす社会的仕組みを作り出す。 ・技術進歩の内生的説明に関しては，基本的にシュムペーターの技術革新における大企業の役割という仮説をめぐる諸見解から始めた。
貢献	・技術情報の普及を技術進歩と鮮明に区別した。 ・技術進歩の概念に「組織・販売・管理の新しい方法」を入れる。	(1) 技術進歩は技術開発過程における進歩と生産過程における進歩を含むこと， (2) 技術進歩の効果は労働生産性を増大させること，である。技術進歩の概念規定を考えるための指針を示しているといえる。	・技術進歩の達成には，内的要因も大きな役割を果たしていることが，重要な見解と思われる。
問題点	・技術進歩の内容を体化されていない技術情報（知識）に限定したことは，技術進歩と技術革新とを完全に切り離してしまう。 ・技術伝達・普及も技術進歩の一部内容であるとみなすべきである。	・技術進歩の過程とメカニズムについても，および消費者やユーザーとの関連についても，さらに検討する必要がある。	・発展途上国の技術進歩に関する説明は欠けている。

（出所）　E. Mansfield（1968, pp.10-11），中村（1977, 175頁），影山（1982, 129-134頁）の観点を韓（2005, 53-74頁）の整理にもとづいて筆者作成。

し，現存の技術水準をより高い目標水準へ向上させるための戦略的技術活動の総合的過程，およびその成果」[21] として捉える。この定義はこれまで検討してきた諸説の理論的貢献を包括しており，さらに次のような2つの優れた観点を含んでいる。1つは，技術進歩はイノベーションと関連する概念に限らず，後進国や技術革新から離れて位置する企業とも関係するとみる点と，もう1つは，技術進歩を「企業の目標，戦略，実行に取り組む過程と結果」と捉える点である。

(2) 技術進歩の達成方法

技術進歩の究極的な目標は，技術革新を起こすことである。企業の技術進歩の達成には，次のような方法がある。まず，企業内部の自力による取り組みである。その第1の方法として，企業の自主開発による技術革新が考えられる。第2の方法は，生産過程の改善・改良による技術革新である。次に，外部からの協力である。その第1の方法として，委託研究や共同開発などの技術協力が考えられる。そして第2の方法としては，外部からの技術導入がある。既述したとおり，中国企業は，自主開発で製品技術革新を遂行する技術力を未だに持っていないため，外部からの技術協力を得ながら技術進歩を図らざるをえない。

3. 技術移転

(1) 技術移転の概念

技術移転は，さまざまな側面から論じられてきており，論者によって多様な「技術移転」が定義されている。本書の考察対象は海外から中国への技術移転であるため，この主旨に相応しい国際技術移転の視点から技術移転を定義する。国際技術移転研究において，日本人研究者のうち，菰田（1987）の研究は，従来の研究を集大成したものと考えられる。以下，菰田（1987）の整理を踏まえながら，本章の技術移転概念を明らかにする。

図表4-5は，技術移転概念に関する代表的な理論の一覧である。スペンサーの「伝播」説は主体の間か主体の内部かに移転するのを問題にせず，「意識的でない」という点を強調している。スペンサーのこのような捉え方に対して，ブラッドベリーは有意・無意を問わず，「主体間」の移転だけに着目している。国際技術移転は，「（国家である）主体間」を強調するので，ブラッドベ

図表 4-5　技術移転概念にかんする代表的な理論

	スペンサー	ローゼンブルーム	ブラッドベリー
技術移転定義	「Technology Transfer という言葉は，仕事の難易を問わず，仕事の遂行方法にかんする情報および課題を，計画的かつ合理的に伝達することを意味する」	技術移転を「その起源とは異なった文脈での技術の獲得，開発，利用」としている。「異なった文脈」は軍事技術の民生転用のような異なるニーズや用途を意味する。	「技術変化の移転プロセス」という概念を提起し，それは a) 垂直的技術移転，b) 水平的技術移転，c) 伝播の 3 つからなっている。
伝播定義	伝播（Diffusion）とは技術的あるいは社会的な事柄が国家間あるいは個人間で，時の経過とともに成り行きのまま移動することである（D.L.Spencer, 1970）。	技術の普及過程は「伝播」であり，技術移転と見なさない。	c) 伝播（ある特定の技術が類似の環境下にある主体間に，広く採用されてゆく過程）
特徴	「技術移転」と「伝播」とを区別して理解する考え方は多くの研究者に認められている。	新技術を採用する前に適応のステップ（新技術の最初のイノベーションとは異なったニーズを満たす第二のイノベーション）がなければ技術移転にはならない	ブラッドベリーの伝播概念は有意・無意を問わず，「主体間」の移転だけに着目している。

（出所）　菰田（1987），72-74 頁にもとづき筆者作成。

リーの「伝播」の意味で技術移転の概念が，本書においては適切なものと考えられる。菰田（1987）もこの意味で技術移転を捉えている。本書では，ブラッドベリー（1978）の「伝播」の意味に，生産過程で技術移転をとらえるべきという認識を加えた安藤（2005）の概念を援用する。すなわち，「技術移転とは，ある経済主体が保有する技術が他の経済主体によって，同一の目的に使用され，生産活動がおこなわれる状態にいたること」[22] である。

(2)　技術移転の形態

技術移転は，技術的優位に立つ企業が技術の秘匿のためにおこなう「企業内技術移転」と，「企業間技術移転」とに分けられる。さらに企業間技術移転については，技術ライセンス契約に媒介されない「非市場型技術移転」と，技術ライセンス契約を媒介する「市場型技術移転」に大別される。いうまでもなく非市場型技術移転は，導入企業の技術模倣努力によって媒介される。市場型技術移転は，さらに「競争市場型技術移転」と「不完全市場型技術移転」に分類することができる。前者は，技術を供給できる企業が増大するにつれて，技術の秘匿が不可能となり，秘匿を継続するよりもむしろ技術料収入を獲得するほうが有利と判断される場合である。これに対して不完全市場型技術移転は，技

術秘匿そのものは不可能ではないにもかかわらず，国家の介入（強制ライセンス）や資金・マーケティング網などの経営資源の不足ゆえに，技術ライセンス供与を余儀なくされるような場合である（図表4-6）[23]。

図表4-6　技術移転の諸形態と本質規定

技術移転の形態			存立の基盤・前提	目的
企業内技術移転			技術の独占的所有およびその喪失の危険	技術の秘匿
企業間技術移転	非市場型		導入企業の技術模倣努力（R&D）を刺激	（意図せざる移転）
	市場型	不完全市場型	国家の保護主義，独占禁止法	（余儀なくされた移転）
		競争市場型	技術市場の成立・競争的なものへの移行，R&D資金巨額化	技術料収入の獲得，技術導入

（出所）菰田（1987），113頁。

(3)　技術移転のチャンネル

　主要な技術移転のチャンネルとして，第1に，製品・機械のリバース・エンジニアリング，第2に，研究者・技術者の企業間移動，学会などでのコンタクト，OJT，第3に，科学・技術専門雑誌，特許情報，第4に，特許のライセンス（設計図，仕様書，マニュアルなど），第5に，ノウハウのライセンス（設計図，仕様書，マニュアルなど），第6に，部品・原材料調達，製品販売などに付随する技術援助，などがあげられる。そのうち，第1チャンネル，OJTを除いた第2チャンネル，そして第3チャンネルは，非市場型技術移転である。これに対して，市場型の技術移転や企業内技術移転は，特許やノウハウのライセンス契約や従業員の訓練，研究者・技術者のコンタクトなどをつうじて発生する[24]。

(4)　直接投資と「技術者による技術移転」

　改革開放後の中国は，海外直接投資（FDI）の導入を技術導入の重要な一環として精力的に取り組んできた。しかし，以上の検討結果からFDIを通じた技術移転を見ると，多国籍企業が100％出資する場合においては，FDIをつうじてなされるのは企業内技術移転である。合弁や合作の場合においては，多国籍企業側はもちろん技術を秘匿する。こうしたなかで，多くの発展途上国がFDIを歓迎する理由は，彼らが図表4-7に示されるようなスピルオーバー効

果[25] を期待しているからである。「従業員の移動をつうじた知識・技術の移転」はスピルオーバー効果の1つである。本章では，従業員のなかでも技術者を中心にして，彼らの移動を通じた技術移転に焦点を当てて考察する。

図表4-7　スピルオーバー効果の主要経路

デモンストレーション―模倣効果[①]	
競争効果[②]	学習
	激励
	押し出す
リンケージ効果[③]	前方的リンケージ
	後方的リンケージ
従業員の移動をつうじた知識・技術の移転[④]	

注：
　①デモンストレーション―模倣効果とは，多国籍企業の途上国における企業活動その自体は包括的な実演（demonstration）であり，現地企業は多国籍企業海外子会社の模倣をつうじて技術・マネジメントのノウハウなどの習得ができることである。
　②競争効果とは，多国籍企業の進出そして現地市場への参入は現地企業を市場から押し出す（クラウド・アウトする）要因ではあるが，現地企業が技術の模倣・学習そして自主的研究開発にもっと積極的に取り組み，生産性を高めようと激励できる要因でもあること。
　③リンケージ効果とは，多国籍企業の海外子会社が現地サプライヤから部品・中間財を調達する（後方的リンケージ），あるいは現地バイヤーへ中間財・製品を販売する（前方的リンケージ）際におこなう技術指導や技術サポートをつうじて発生する技術のスピルオーバーである。
　④多国籍企業は通常現地企業よりも多額の金銭そして長い時間を投入して従業員の教育訓練をおこなう。育成された熟練工やマネジメント人材が離職すると，彼らの身につけた技術も移転されることは従業員移動を通じたスピルオーバーである。
（出所）　屈韜（2009），18-24頁により筆者作成。

4.　技術者

　本書はICT産業を考察するので，「技術者」の概念については，「ICT技術者」に限定して定義する。

　アメリカ商務省は，「電子商取引やほかのインターネットあるいはネットワーク関連活動を促進するために必要なITインフラストラクチャを創造し，運営し，維持することに関わる職業」を，IT職業（IT occupations）と定義している[26]。こうしたIT職業のなかで，中核IT職業というのは，エンジニアリング，サイエンス，コンピュータ・システム管理者，コンピュータ・エンジニア，システム・アナリスト，電気・電子エンジニア，データベース管理者

92   第Ⅱ部　「技術者による技術移転」に基づく競争優位

図表 4-8　IT 職業の人数と年間賃金（1998 年）

職業	職務の内容	教育訓練資格	人数（千人）	年間資金（中央値）
エンジニアリング, サイエンス, コンピュータ・システム管理者	計画, 調整, 研究, 開発, 設計, 生産およびコンピュータ関連活動を行う	高い	326	ドル 71,900
コンピュータ・エンジニア	技術問題の解決のためハードウェア, ソフトウェア, ネットワーク, プロセスを設計する	高い	1,530	59,900
電気・電子エンジニア	コンピュータのハードウェア, 通信, ビデオ機器などの電気・電子機器の製造を設計, 開発, 検査, 監督する	高い	357	59,700
システム・アナリスト	コンピュータ問題の解決および組織の特定の需要を満たすためにコンピュータ技術を利用する	高い	※	54,100
コンピュータ・プログラマー	特定の文書, データ, 情報を記憶, 移動, 検索するためのコンピュータ・プログラムを開発, 作成する	高い	648	53,400
データベース管理者	データベース管理システムを使ってコンピュータ・データベースの変更, テスト, 実行を調整する。また, システム・セキュリティの処理を調整する	―	―	50,500
電線設置者, 修理者	電力ならびに送電システムに使用されるケーブルと電線を設置し, 修理する	中位	99	42,600
コンピュータ支援スペシャリスト	コンピュータ・システム・ユーザーに技術支援と訓練を提供し, コンピュータ・ソフトウェアとハードウェア問題を調査し, 解決する	―	―	40,600
電気・電子技術者	コンピュータなど電気・電子機器を設計, 開発, 検査, 製造を支援する	高い	335	38,100
エレクトロニクス修理者, 商業・産業用機器	通信や医療診断装置など産業用制御装置を設置し, 修理する	中位	72	35,800
電話線・ケーブルテレビ専用線設置作業者, 修理者	メッセージや TV 番組転送用の電話, テレビジョン・ケーブル, その他の機器の配線および修理をする	中位	180	34,500
放送技術者	ラジオとテレビ番組の収録と転送のために使用される電子機器を修理し, セットし, 操作する	中位	37	31,800
コンピュータ・オペレーター	コンピュータ・ハードウェア・システムを監視し, 問題を予測し, 予防活動を行い, 発生する問題を解決する	低い	251	26,900
半導体素材処理作業者	電子半導体の製造に使用される素材の処理, たとえば, 特定用途の炉や化学槽に半導体素材を入れる	中位	63	26,070

電気機械・機器組立作業者	動力計，磁気ドラム，テープ駆動装置など電気機械・機器を仕様にしたがって組立，検査し，修理する	中位	50	24,200
電気・電子機器組立作業者	コンピュータ，数値制御工作機械，自動計測電送装置・機器など電気・電子機器を組み立てる	中位	201	23,400
請求書作成・発送，配達，会計機オペレーター	請求書作成，会計，統計，その他の数値データを計算し，記録するための数学的処理を自動的に行う機械を操作する	低い	107	21,300
データ入力作業者，植字作業者	写植植字や比較できるデータ入力植字機を操作する	中位	435	21,300
複写，郵便およびその他機械操作者	複写を行うさまざまな機械や，封筒や書き込み用紙に氏名，住所などを印刷する機械を操作する	低い	197	19,600
通信機器オペレーター（電話およびスイッチボード・オペレーター）	入線，出線，オフィス間通話を中継し，電話をかける人に情報を提供し，メッセージを録音し，日常的な事務作業を行う	低い	297	19,100
全 IT 職業			5,308	―
全職業			140,514	―

注：①※の数値は，コンピュータ・エンジニアに含まれている。
　　②職業別の教育・訓練資格は，労働統計局の分類による。「高い」は，最高の専門学位，博士号，修士号，労働経験と学士号もしくはそれ以上の学位，学士号と准学士号を含む。「中位」は，第 2 次職業訓練経験，関連職業の労働経験，長期間の実地訓練を含む。「低い」は，中期の実地訓練を含んでいる。
（出所）　U. S. Department of Commerce（2000）Appendices，pp.21-23，夏目（2004），166 頁。

などである。かれらが，どのような仕事をしているのかについては，図表 4-8 の「職務の内容」列に示されているとおりである。本書では，中核 IT 職業の労働者を，ICT 技術者と規定する [27]。ICT 産業の「知識・技術集約的」という特徴を支えているのは主として ICT 技術者たちである。

第 4 節　技術者による技術移転

1. ICT 人材の国際移動に関する先行研究

　ICT 産業の新しい国際分業関係のなかで，アジアは世界の ICT 生産と市場

の拠点となっている。1980 年代後半以降のアジアにおける ICT 産業の発展に関して，これまでに明らかにされた要因は，貿易と投資の国際間協定，途上国政府の ICT 産業振興政策，多国籍企業の進出，地域的産業集積の形成などである。そうしたなかでアジアの ICT 産業の発展にとって，技術者，管理者，企業家などの ICT 人材が形成されたことはとりわけ重要である。

　技術者を含めた ICT 人材と ICT 産業における技術移転と産業発展の関わりについての先行研究は，次の 2 つに大別できる。その 1 つは，アジアの ICT 人材の形成には国や自治体の人材育成政策や教育訓練機関による役割のみならず，人材の国際移動がきわめて重要な役割を果たしてきたことを明らかにした Saxenian（2006），OECD（2008a），夏目編著（2010）などの先行研究である。

　サクセニアン（Saxenian［1994］）は，垂直統合型企業の世界であるルート 128 との比較をつうじて，ネットワーク企業の世界であるシリコンバレーの特徴を鮮明に描き出した。シリコンバレーは，自由な気風をもつ技術的コミュニティの場が存在している産業集積地である。そこでは，技術者の企業間移動，スピンオフないし失敗は特別なことではないと見なされる。

　こうしたシリコンバレーでは，1960 年代に途上国から流入した大量の人材が働いており，彼らはシリコンバレー内，そしてシリコンバレーと彼らの母国の間に，人的ネットワークを作り上げていった。1970 年代以降になると，彼らの母国も産業発展に取り組み始めた。その時彼らは，母国とアメリカの間の架け橋となり，帰国して起業したりするようになった。かくして頭脳還流ないし頭脳循環が起きたのである。このような人材の国際移動をつうじて，技術だけでなく，シリコンバレーの文化，気風，ベンチャー支援システムなども移転された。その結果，台湾の新竹，インドのバンガロール，中国の北京（中関村）や上海（浦東新区張江ハイテク園区）などアジア各地で，新しい産業集積が形成されるようになった（Saxenian［2006］）。

　サクセニアンの研究成果を受けて，夏目編著（2010）は国際移動という視点から ICT 人材の企業間移動と企業内移動について調査・分析をおこなった。その結果，アジア ICT 企業の技術力に影響を及ぼしたのは，シリコンバレーばかりでなく，日本の ICT 企業も大きな役割を果たしたということが明らかになった（夏目編著［2010］）。

2. 後発国にとって技術者の役割に関する先行研究

ICT 技術者に関するもう 1 つの研究蓄積は，佐藤（2007，2010a），吉岡（2010）など台湾や韓国などの産業生成・発展という視点から，後発国 （地域）のキャッチ・アップ過程における技術者の役割を考察する，あるいは言及する研究である。

佐藤（2007）は，半導体とパソコンといった台湾のハイテク産業発展のダイナミズムを，その担い手である行為主体としての技術者に着目して解明しようとした。彼は，産業を様々な行為主体がもつ資金・労働力・技術等々各種資源と能力の結合体とし，資源の蓄積と能力の向上が進むこと，あるいは資源と能力の新しい使われ方が発見・創造・選択されることによって，産業の発展はもたらされる，とみている。また，彼は，こうしたなかで技術者および技術者から転身した企業家が最も重要な行為主体であると見るために，技術者を分析の主軸に置いている。

さて，韓国 ICT 産業について見ると，サムスン電子は半導体産業の DRAM 分野においてキャッチ・アップを達成し，さらに世界のリーディング企業としての地位を維持してきている。吉岡（2010）は，なぜサムスン電子がこのようなことができたのかを解明しようとする研究であるが，サムスン電子における技術者を通じた技術移転の過去と現在の状況について言及しており，非常に興味深い。吉岡（2010）によれば，キャッチ・アップ段階のサムスン電子では，海外技術者への依存がみられ，その時の海外技術者とは，主に日本の半導体企業から転職してきた日本人エンジニアと，アメリカの半導体企業での仕事経験をもつ韓国人エンジニアたちであった。しかも，今日のサムスン電子のエンジニアの構成は，韓国国内で採用された韓国人が中心となり，少数の外国人エンジニアを採用するのは，彼らの人脈を海外情報収集のアンテナとして利用する，すなわち know-who 目的にあるという [28]。このように，韓国の代表的な ICT 企業であるサムスン電子においても，技術者を通じた技術移転がなされたと考えられる。

第5節 おわりに

　以上のような先行研究のなかで，本書第Ⅱ部の問題関心は，技術進歩をもたらすような技術移転が，どのようなチャンネルを経由してなされたのかを解明することにある。換言すれば，研究対象は，中国語処理技術など中国ICT産業における重要な技術進歩と，これら技術進歩をもたらした技術移転である。冒頭で論及したように，海外からの技術移転は様々な制限を受けているなかで，技術者をつうじた技術移転が重要なチャンネルになっていると考えられる，この仮説を検証するために本書の第Ⅱ部では，技術進歩の担い手である主要技術者たちの技術形成に焦点を当てて，彼らはどのような職歴（キャリア）をもつのかを明らかにする。なぜならば，これによって彼らは主としてどのようなルートを経由して技術を習得したのかが明らかになるからである。

〈注〉
1　詳しくは，中川（2007）と丸川（2007）を参照。
2　中国語情報処理技術とは，中国語向け漢字の入力，文字処理，製版・印刷，オペレーティング・システムの開発などコンピュータでの圧縮・解凍，伝送，検索など中国語情報の処理を可能にする関連技術の総称である。
3　World Bank（2007），pp.5-6。
4　安藤（2005），6頁；川島（2005），44-45頁。
5　Saxenian（2000），Saxenian（2006，邦訳2008）を参照。
6　杜など（2009），60-61頁。
7　これに関する整理は，中川（2007），89-91頁を参照。
8　U. S. Department of Commerce（2000），p.23。
9　サポーティング・インダストリーとは，産業を支えるローカルな部品製造技術，組立技術を持つ関連のある周辺産業を意味し，関連産業や基盤産業などとも呼ばれる。
10　馬場（2005），22頁を参照。
11　夏目（2004），146-157頁。
12　同注11。
13　ここで述べられていることは，夏目（2004），Saxenian（2006，邦訳2008），佐藤（2007），夏目編著（2010）など先行研究によって明らかにされている。
14　傅・林・李（2007），4-5頁。
15　謝（2004），13頁。
16　宗像（1989）の第1章を参照。
17　大月書店『大月経済学辞典』（1979年），128頁。

第 4 章 「技術者による技術移転」に関する理論的検討　　*97*

18　原（1960），52-53 頁。
19　安藤（2005），5-6 頁。
20　韓（2005），53 頁。
21　韓（2005），63 頁。
22　安藤（2005），7 頁。
23　菰田（1987），113-114 頁。
24　菰田，前掲書，119-121 頁。
25　スピルオーバー効果（spill-over effect）とは，溢出効果とも訳され，ここでは，多国籍企業の企業内技術移転がそのための費用を負担しない現地企業など外部までにも及ぶことをいう。技術的優位に立つ多国籍企業にとって，このような技術移転は意図せざるものである。
26　U. S. Department of Commerce（2000），p.43, 46.
27　夏目（2004），165 頁。
28　吉岡（2010），139-140, 142-143, 157 頁。

〈参考文献〉

D. L. Spencer（1970）*Technology Gap in Perspective: Strategy of International Technology Transfer*, Spartan Bks.

Edwin Mansfield（1968）*The Economics of Technological Change*, W. W. Norton.

Saxenian, A. L.（1994）*Regional Advantage: Culture and Competition in Silicon Valley and Route 128*, Harvard University Press.（山形浩生・柏木亮二訳［2009］『現代の二都物語』日経 BP 社。）

Saxenian, A. L.（2000）"Networks of Immigrant Entrepreneurs", in Chong-Moon Lee（ed.），*The Silicon Valley Edge: A Habitat for Innovation and Entrepreneurship*, Stanford University Press.

Saxenian. A.L.（2004）"The Bangalore Boom: From Brain Drain to Brain Circulation", in Kennth Keniston and Deepak Kumar（eds.），*Experience in India: Bridging the Digital Divide*, SAGE Publications Ltd.

Saxenian, A.L.（2006）*The New Argonauts. Regional Advantage in a Global Economy*, Harvard University Press, Cambridge, MA.（酒井泰介訳［2009］『最新・経済地理学：グローバル経済と地域の優位性』日経 BP 社。）

U. S. Department of Commerce（2000）*Digital Economy 2000*.

World Bank（2007）*Strengthening China's Technological Capability*　WPS4309.

相川春喜（1942）『技術論入門』三笠書房。

安藤哲生（1989）『新興工業国と国際技術移転』三嶺書房。

安藤哲生（2005）「国際技術移転とその実現過程」安藤・川島・韓（2005）。

安藤哲生・川島光弘・韓金江著（2005）『中国の技術発展と技術移転・理論と実証』ミネルヴァ書房。

伊東光晴（2004）編『岩波現代経済学事典』岩波書店。

影山僖一（1982）『技術進歩の経済学』文眞堂。

韓金江（2005）「技術進歩の理論：その概念と構造」安藤・川島・韓著（2005）。

菰田文男（1987）『国際技術移転の理論』有斐閣。

斉藤優（1979）『技術移転論』文眞堂。

蔡林海（2002）『中国の知識経済――華人イノベーションのネットワーク』日本経済評論社。

佐藤幸人（2007）『台湾ハイテク産業の生成と発展』岩波書店。

佐藤幸人編（2010）『アジアの産業発展と技術者』IDE-JETRO アジア経済研究所。

中川涼司（2007）『中国の IT 産業』ミネルヴァ書房。

夏目啓二（2004）『アメリカの企業社会：グローバリゼーションと IT 革命の時代』八千代出版。

夏目啓二（2010）「アジア ICT 企業の競争力と人材の国際移動」夏目編著（2010）。

夏目啓二編著（2010）『アジア ICT 企業の競争力——ICT 人材の形成と国際移動』ミネルヴァ書房。

丸川知雄（2007）『現代中国の産業』中公新書。

原光雄（1960）『技術論』弘文堂。

宗像正幸（1989）『技術の理論』同文館出版。

吉岡英美（2010）『韓国の工業化と半導体産業』有斐閣。

陸云江（2008）「中国 IT 産業における技術進歩と技術移転に関する方法的一試論」『アジア経営研究』No.14（2008 年 6 月），253-267 頁。

傅正華・林 耕・李明亮（2007）『我国技術転移的理論与実践』中国経済出版社。

謝富紀（2004）『技術進歩及其評価』上海科技教育出版社。

第5章

パソコン産業における中国語情報処理技術

第1節 はじめに

　今日の中国は，ノート型パソコン，PC の部品や周辺機器，携帯端末など ICT 機器の世界最大の生産・輸出基地となっている。しかし，前述したように，生産と輸出の主力は外資系企業が担っており，中国企業のほとんどは基幹部品を輸入に依拠しつつ生産体制を構築しており，その技術能力が未だに低いと指摘されている。しかしながら，こうしたなかでも，中国発の技術革新を武器に国内市場での競争力を構築し，ひいては海外にも進出し始めている聯想，方正など中国 ICT 企業が存在している。これら中国 ICT 企業の台頭と発展を支えたのは，中国語情報処理技術である。

　本章では，世界的にも高く評価されるこの中国語情報処理技術という技術革新が如何にもたらされたのかを解明するために，主要開発者のキャリアを中心に考察する。その結果，中国コンピュータ産業の発展歴史において，1950 年代半ばから 60 年代初頭までは，ソ連（現ロシア）の包括的な対中技術移転がおこなわれたことと，その技術移転過程において，中ソ両国間に技術者の交流が起きており，そしてその後，中国技術者の間における同僚や師弟関係などの形での「技術者による技術移転」が，中国語情報処理技術の開発を支えていたことを明らかにする。

　本章は，まず，第2節において，中国 ICT 産業の発展と各段階における技術発展を考察することをつうじて，中国語情報処理技術がコンピュータでの中国語漢字情報処理を可能にした重要な技術革新であることを示す。次に，第3節では，中国語情報処理技術とは何かを考察し，この技術を開発したのはどのような技術者であるのかを明らかにする。そして第4節では，中国語情報処理

技術の開発は，ソ連との対中技術移転の影響を受けてもたらされたものであることを明らかにする。このことをつうじて，1950年代におけるソ連との対中技術移転のなかで「技術者による技術移転」が，中国語情報処理の技術革新につながっていたことを明らかにする。

第2節　中国ICT産業の技術発展

1. コンピュータ産業成立以前の技術発展

(1) 計画経済体制下の計算機開発体制

　中国における電子計算機の開発は1950年代なかばに開始されたが，1980年代なかばまで軍事・科学研究用が中心であったがために，産業までに成長することはなかった。本節では，コンピュータ産業成立以前の技術発展を見る。

　中国では，1949年後に官僚資本，民族資本，個人経営に対する社会主義改革がおこなわれ，1956年に国営企業と集団企業が全体の99％以上を占める生産手段の社会的公有制が形成された。これに対応して実施されたのは計画経済体制であった。計画経済体制下の企業は，政府から生産品目・数量に関する指令を受けて生産をおこない，製品販売・設備投資・技術開発の自主権をほとんど握っていなかった。つまり，技術開発は自主経営権をもつ企業が中心になっておこなうのではなく，政府が集中的に実施していたのである[1]。1956年に開始した中国の計算機開発も，同様の開発体制の下でおこなわれてきたのである。その様子をより詳しく見ると，次のとおりである。

　まず，研究開発を担当するのは主に図表5-1が示している3つのグループであった。第1グループは中国科学院系の研究機関であった。中国科学院は，ソ連のアカデミー体制に倣って設立された，国の最高水準を代表する学術研究・技術開発機関である。中国初の電子計算機の開発は，科学院計算技術研究所の設立準備と並行しておこなわれ，その後も同研究所及びその地方支部で多くの機種開発がおこなわれた。第2グループは国防部（省）・軍の参謀本部及び冶金部（省）・機械工業部（省）などに所属した研究開発機関であった。第56，706，709研究所はその代表的なものであった。第3グループは大学に所属し

図表 5-1　中国の第 1 ～ 3 世代計算機の主要機種数と開発機関

開発機関	場　所	取り組む重点分野	開発機種数
・中国科学院計算技術研究所	北京	基礎研究，国防・軍事，重点プロジェクト建設	7
・中国科学院華北計算技術研究所（第 15 研究所）	北京	国防	26
・中国科学院華東計算技術研究所（第 32 研究所）	上海	国防，軍事用通信	7
・第 56 研究所	無錫	軍の参謀本部	7
・第 706 研究所	北京	宇宙飛行	4
・第 709 研究所	武漢	造船	3
・人民解放軍軍事工程学院	ハルビン，長沙	国防・軍事	6
・北京有線電工場（第 738 工場）	北京	計算機生産に指定された工場	1

（出所）　胡（2004），371-400 頁：胡（2006），42-48 頁，210-212 頁にもとづき筆者作成。

た研究機関であった。図表 5-1 の人民解放軍軍事工程学院以外に，清華大学や北京大学が非軍事系大学の代表例としてあげられる。

　次いで，生産を担ったのは北京有線電工場（738 工場）や上海無線電第 19 工場などであった。これらの工場は，電子部品の指定工場であった。例えば，北京有線電工場は，1957 年にソ連のプラント輸入の必要性から建設された。同工場は，多くの代表的な機種の開発に携わっており，ひいては独自開発までもおこなった，計算機試作・生産の主力工場の 1 つであった。ところが，これらの工場は，あくまでも協力者の立場にあり，計算機開発の主役を担うのが研究機関であった。

　最後に，開発された機種の用途について，統計データの欠如で正確に把握することが困難だが，図表 5-1 から，国防・軍事用途向けが最も多く，宇宙飛行・造船など国家重点プロジェクト向けはそれに次ぎ，計算機の使用は，文字通り主に計算機能を重視する特殊用途の分野に限られていたと考えられる。

　この技術開発体制は，1985 年に科学技術体制改革が実施されるまで採用されていた。こうした中，中国の計算機開発はコンピュータの科学計算機能を中心に次のような技術発展を遂げてきた。

(2)　コンピュータ産業成立以前の技術発展

①ソ連の模倣と独自開発の試練（1956 年～ 1972 年）

102   第Ⅱ部　「技術者による技術移転」に基づく競争優位

　中国における第1から第3世代までの電子計算機は，コンピュータ産業成立以前に開発された（図表5-2）。ところが，国内・国際的情勢の影響により技術発展が異なる様相を呈するようになったため，ここでは，2つの時期に区分して考察することにする。

　1949年に建国した中華人民共和国は，東西冷戦とココムの輸入規制の中でソ連と軍事同盟や技術提携など包括的な内容を含む「中ソ友好互助同盟条約」を結び，ソ連が中国の主な技術源となった[2]。中国は政府の主導下でソ連から技術を導入して，1958年には103型小型真空管式汎用計算機，1959年には104型大型真空管式汎用計算機を開発した。主記憶装置としては，第1世代機にとって比較的先進な磁気記録技術が使用された。ところが，1960年代初頭に始まった中ソ対立により，中国はソ連の技術援助を失って独自で開発を継続せざるをえなくなり，いわゆる「自力更生」の時期に入った。このような状態は1972年まで続いた[3]。

　中国の技術者が，1956年には第2世代コンピュータの主要論理素子であるトランジスター[4]を開発した。そして1964年には，大型真空管式汎用機である119型機及び中国の第2世代計算機を代表する441B型機などを開発した[5]。なかでも，441B型機の計算速度は当時世界の先進レベルに達したと言われている[6]。また，1965年に中小規模集積回路開発への取り組みが開始された。ところが，翌年に勃発した文化大革命が集積回路の開発を大幅に遅らせた[7]。

　図表5-2が示しているように，中国の第1世代計算機の開発はアメリカに比べて12年間の後れをとった。第2世代機の場合では，中国の代表的な機種がアメリカのそれに5年ほどしか遅れていなかったことからみると，米中間の技術格差が縮小したかのように見えるが，実はそうではなかった。というのは，アメリカでは，第2世代に入ると，計算機が「データ処理機」として広い適用分野が開拓され，科学計算と事務計算用それぞれに適した電子計算機が別々に開発された[8]。それとは対照的に，中国の計算機開発には，既述したとおり，科学計算機能以外のハード・ソフト的技術発展がほとんどなかった[9]。したがって，ソフトウェア開発における米中間の技術格差がむしろ拡大したと言えよう。

第5章　パソコン産業における中国語情報処理技術　　*103*

図表 5-2　コンピュータの世代区分とアメリカ・中国における代表的な機種

世代	使用素子	特徴	年	アメリカ	中国
1	真空管時代 　回路素子…真空管 　記憶素子…水銀遅延線，磁気ドラム	科学計算のための「速い算盤」が中心で，データ処理機というまでは至らなかった。	1946	ENIAC 完成	
			1947		
			1948		
			1949		
			1950		
			1951	(UNIVAC-1)	
			1952		
			1953		
			1954		
			1955		
			1956		
			1957		
			1958		103 小型真空管式汎用機
2	トランジスタ時代 　回路素子…トランジスタ 　記憶素子…磁気コア	計算機は「データ処理機」として，科学計算と事務計算用それぞれに適した電子計算機別々に開発された。	1959	IBM 1401	104 大型真空管式汎用機
			1960		
			1961		
			1962		
			1963		
			1964		441B 型トランジスタ式機
3	IC（集積回路）時代 　回路素子…トランジスタ，IC 　記憶素子…磁気コア	データ処理システムの中核として電子計算機が認識された。科学計算用と事務計算用の両方に汎用のハードウェアが開発された。OS が生まれ，発展した。通信との結合や実時間処理，プロセス制御など適用分野が極めて拡がった。	1965	IBM S/360 発売	
			1966		
			1967		
			1968		
			1969		
			1970	IBM S/360 最終機種	
3.5	LSI（大規模集積回路）時代 　回路素子…IC，LSI 　記憶素子…磁気コア，LSI	RAS（Reliability：信頼性，Availability：保全性）とオンライン用と諸機能を徹底的に追求し，記憶素子に集積回路を使用するなど，いくつかの飛躍がある。	1971	IBM S/370 発売	
			1972		
			1973		
			1974		DJS-100 シリーズ（～ 83'）
			1975		
			1976		151- Ⅲ型 IC 式汎用大型機 DJS-180 シリーズ（～ 82'）
			1977		
			1978		

4	超 LS 時代 回 路 素 子 … LSI, 超 LSI 記 憶 素 子 … LSI, 超 LSI	エンドユーザ指向の複合分散処理 ネットワーク…複数システム間の大量データのやりとり データベース管理…大量データの集中管理	1979	IBM S/E シリーズ（4300）発表	DJS-200 シリーズ（〜 80'）
			1980		
			1981		
			1982		
			1983		
			1984		
			1985		

注：コンピュータの時代区分に関しては，第 1 〜 3.5 世代は『電子工業年鑑 1975 版』の区分法，第 4 世代は中島一郎（1984）の区分法を採用している。

（出所）　通産省監修（1975）『電子工業年鑑 1975 年版』, 269-271 頁；中島（1984），166 頁；胡（2004），352-397 頁；胡（2006），42-48 頁；胡（2006），201-212 頁により筆者作成。

② アメリカの模倣と量産化への準備（1973 年〜 1985 年）

中国政府は，1971 年に国連代表権の回復，そして翌年にニクソン大統領の訪中などによる国際関係の改善をきっかけに，1973 年 1 月に開かれた第 1 回電子計算機専業会議で，計算機開発戦略の見直しをした。開発の重点を大中型計算機から中小型シリーズ機・同周辺機器，後になってパソコンに移すことと，「自力更生」路線を放棄し世界の先進技術を導入する方向転換がおこなわれた[10]。この方向転換により，アメリカの NOVA 機を模倣した DJS-100 シリーズなど中小型汎用シリーズ機が開発された（図表 5-3）。また，1970 年代前半のいくつかの技術導入をつうじて小規模生産の能力が形成され，量産化への準備が進められた[11]。この時期は，アメリカの模倣と量産化への準備期と見ることができる。

図表 5-3　シリーズ機の開発とそのモデル機一覧

開発された機種	開発時期	モデル機
DJS-100 シリーズ	1974 〜 83 年	DG の NOVA
DJS-180 シリーズ	1976 〜 82 年	DEC の PDP
DJS-200 シリーズ	1979 〜 80 年	IBM の 360 シリーズ
8030	1985 年	IBM370/183

（出所）　大西（2001），126 頁の記述により筆者作成。

ところが中国は，IBM360, 370 シリーズ機に倣って国産機を開発すること

はできたが，それを量産し産業までに育成することはできなかった[12]。というのは，計画経済体制の下では，企業を主要顧客とするシリーズ機の市場が形成されていなかったからである。

こうしたなかで，1976年に軍事用途向けに開発された151-Ⅲ型大型IC式汎用計算機の主要素子はすべて中国の自主開発した中小規模集積回路であったため，同機は中国の計算機開発が第3世代に入ったマイルストーンとされている[13]。ところが，同年では，日米はすでに大規模集積回路（LSI）の使用を特徴とする第3.5世代の後半期に突入しており，中国と日米間の技術格差が拡大していった。その原因は，中国のIC開発が遅れていたことにある。1970年代半ばから80年代初頭にかけて，中国政府が全国の技術者を集めて3回にわたってLSIの開発に挑んでいたが，結局は失敗に終わった。その要因は，前述したシリーズ機開発・生産の場合と同じ，LSIの開発を支援する市場が形成されていなかったからである[14]。

1970年代末に改革・開放が始まるにつれて，計画経済体制がしだいに崩れるようになった。例えば，「放権」と呼ばれた企業の自主経営権を拡大する改革を機に，より多くの経営権を手にした一部の企業では，情報システムの構築に投資する需要が生じていた。ところが，計画経済下の技術開発体制に市場原理を導入しようとする「科学技術体制改革」が始まったのは1980年代半ばに入ってからのことである[15]。そのため，一方では，ユーザー企業は輸入機を購入して情報システムを構築する他なかった。他方では，計算機の開発・生産は依然として政府主導の下でおこなわれており，計算機の生産に指定された企業が需要に応えられないという事態が生じていた。そして，こうした事態を解決したのが1980年代半ば以降台頭した長城，聯想など企業であった。

この時期にシリーズ機用の高水準プログラミング言語，コンパイラーないしはオペレーティング・システム（OS），アプリケーションが開発され，中国のソフトウェア技術も前進したといわれている。ところが，シリーズ機が開発されても，使用できるソフトウェアがほとんどないということが問題となった。なかでも，如何にしてコンピュータでの中国語情報処理を可能にするかが焦眉の課題であった[16]。そのため，1974年8月に「748プロジェクト」[17]が実施された。それ以降，約十年間をかけて開発に取り組んだ結果，ソフトウェアに関

106　第Ⅱ部　「技術者による技術移転」に基づく競争優位

する数多くの研究成果が生まれた。

2.　コンピュータ産業成立以降の技術発展

（1）　パソコンの時代（1986 年〜 1990 年代半ば）

①コンピュータ産業の成立と発展

1985 年時点で中国国内においては，約 10 万台のパソコンが保有されたが，輸入品を主としたこれらのパソコンは中国語が扱えなかったため，利用率が非常に低かった[18]。こうしたなかで，長城集団は 1985 年に中国語が扱える長城 0520CH 型パソコンを開発し，翌年に量販を実現した。これを機に中国のパソコン産業が誕生したのである[19]。また，前述した計算機開発戦略の方向転換により，中国における計算機開発・生産の焦点がパソコン関連にシフトした。つまり，汎用機の代わりに，パソコンがコンピュータを代表する時代が到来した。この意味で，パソコン産業の誕生は同時に中国コンピュータ産業の成立をも意味する。

ところで，中国語情報処理技術は，コンピュータ産業の成立を促しただけでなく，その成長にも大いに寄与した。図表 5-4 が示すとおり，中国の国内市場において，1986 年のパソコン年間販売台数はわずか 6.9 万台であったが，1997 年の年間販売台数は 350 万台に達し，10 年間で 50 倍以上までに急成長したのであった。また，国産機は 1986 年の 6.5％というわずかなシェア率から，1995 年以降になると，50％超のシェア率を握るようになった。こうした急成長を支えたのは，中国のパソコン企業である。

それでは，ハードウェア技術の面であれソフトウェア技術の面であれ，全般的に言えば海外のパソコンメーカーに比べて，何ら優位も占めていない中国企業は，なぜこのようなことができたのであろうか。詳述は次節に譲るが，そ

図表 5-4　中国パソコン市場における販売台数と国産機シェア率の推移（1986 〜 1997 年）

	1986 年	1991 年	1992 年	1993 年	1994 年	1995 年	1996 年	1997 年
販売台数（万台）	6.9	10	25	45	75	115	210	350
国産機シェア（％）	6.5	42	39	33	44	50.4	56	67
国内産台数（万台）	0.45	4.2	9.75	14.85	33	57.96	117.6	234.5

（出所）　上海財経大學産業経済研究センター（2007），491 頁。

第5章　パソコン産業における中国語情報処理技術　*107*

れは，ほとんどの中国パソコンメーカーが，ある種の中国語情報処理技術を商品化し，これをベースにして国内顧客の需要に応えることができたからである。

②技術上の課題と解決

この時期における技術上の最大の課題は「748プロジェクト」の研究成果を如何に実用化（製品化）するか，であった。その際，2つの問題点が存在した。第1に，中国語情報処理技術の開発にあたって，開発者らが国の研究機関や大学に所属していたため，産業化以降，開発の主体である企業が人材を集めるのに苦労することとなった。第2に，当時の企業は大多数が新設であり，経営資源，とくに人材の確保が乏しい状態であったことがあげられる。

このようななかで，必要な人材を集めて中国語情報処理技術を製品化した代表的な企業は四通，聯想，方正，長城などである。これらの企業では，企業家と技術者が手を組み，中国語情報処理技術を四通ワープロ，方正レーザー写植機，長城0520CH型中文パソコン，聯想漢字カードなどの製品化に成功している。

(2)　ICT産業の時代（1990年代後半〜現在）

1990年代後半，ソフトウェア，通信やインターネット技術の発展により次のような変化が現れた。まず，ハードウェアにおけるパソコン関連製造業の比重が低下し，またパソコン製造業においてもパソコンの低付加価値化が進行した。次に，通信・ネットワーク関連製造業の比重が上昇した。最後に，ソフトウェア及び関連のサービス業が重要になってきた。こうした動向によって産業構造が大きく変り，コンピュータ産業からICT産業の時代へと移り変わっていったのである。

このような中で技術発展の面において評価されている中国ICT企業は華為（Huawei），中興（ZTE），中星微電子（ViMicro）など数社しかない。華為と中興はデジタル電話交換機，ネットワーク関連機器の開発を中心に国際特許を取得し，一部限られた分野ではCISCOなど大手ICT多国籍企業と競争できるようになった[20]。中星微電子はパソコン向けのビデオ装置に使用されるLSIの開発に特化し，同製品世界市場シェアの6割を占めるようになっている[21]。しかしながら，現段階ではこれら企業の技術発展は進行中の段階であり，取得

した特許もそれほど重要と言えるようなものはまだ少ない。

　本節では，中国ICT産業における技術発展の道筋に対する考察をつうじて明らかにしたのは，第1に，ソ連の模倣と独自開発の試練期は中国の計算機開発の技術基盤，開発体制及び技術教育体制の形成期である。そしてパソコンの時代は，計画経済から市場経済への転換期にあり，コンピュータ産業が政府・企業情報化のニーズに応えて成立するに至った時期であるがために，この2つの段階は重要な時期であること。第2に，こうした重要な時期であるパソコンの時代において，中国語が扱えるパソコン，ワープロなど情報機器供給の大半を握ったのが，長城，四通，聯想，方正など中国企業であった。これらの企業の成功を支えた技術は，中国語情報処理技術であった。第3に，この中国語情報処理技術の開発は，1974年から1980年代半ばまでの期間中に国家プロジェクトとしておこなわれていた。しかし，この間中国では大規模な技術導入がなく，また開発に携わった技術者のキャリアから見ても，中国語情報処理技術の開発を支えた技術の形成は上述した「ソ連の模倣と独自開発の試練期」までに遡ることができると考えられる。

　それでは，この重要な技術革新である中国語情報処理技術が，なぜ1980年代半ばに出てきたのか，その開発者たちの技術はどこから，如何に形成されたのかを考察する。

第3節　中国語情報処理技術とその開発者たち

1.　中国語情報処理技術

（1）　出版・印刷関連の中国語情報処理技術

　今日，日本や中国など漢字を使用する国々では，コンピュータやパソコンは数千字種の漢字を多様なフォントで自由に扱うことは当然のことと思われるが，実は，これは1980年代末になって，ようやく実現したものである。それでは，なぜ漢字の処理が大幅に後れをとったかというと，アルファベットを使用する国においては，一般のデータ処理では47〜63字あればよく，テキスト処理でも88〜94字程度の文字種が扱えれば十分で，これを前提に入出力装置

が開発されてきたからである [22]。しかし，アルファベットは1バイトの容量で表現できるのと違って，漢字を表現するには2バイトが必要であり，また，漢字の文字種が多く，文字の字形も字画が多く複雑であるため，コンピュータでの漢字処理はアルファベットと比べてはるかに困難であった。

その他にも，紙面やモニターなどへの出力手段の実現が大きな課題となっていた。それでは具体的に，中国語情報処理技術はどのような技術であるのか，どのような製品に結びついたかについては，本項で代表的な製品をつうじて見ていく。次項では，中国語情報処理技術はどのような技術者によって開発されたのかを明らかにする。

①四通の中国語ワープロ

新聞・書籍出版と機関・企業の事務は文字を大量に扱い，言語処理技術を最も必要とする分野である。ところが中国では，1980年代半ばまで文書処理に使われていたのは中国語タイプライターであった [23]。新聞・書籍の印刷製版の場合，文字数とフォント数が非常に多く，その規模が一般用と比べてはるかに大きいが，結局は同じ作業がおこなわれていた。このような中で，中国語情報処理技術はまず漢字の製版・印刷を活版印刷の時代から脱出させ，コンピュータでの処理を可能にする技術である。その代表的な成果は次にあげている四通の中国語ワープロと方正レーザー写植機である。

四通集団は，日本製プリンターの販売代理店として1984年にスタートした民間企業である。当時の輸入パソコンとプリンターでは，中国語漢字の処理が出来なかったため，四通はアドオンカードを開発し，中国語漢字のプリントアウトを可能にした。その後，四通創業者の中心人物である万潤南はアメリカでワープロが普及する様子を目にして，中国におけるワープロの可能性に気付いた。彼の経営的才覚と王緝志という技術者の開発能力の結合によって四通ワープロが生み出されたのである [24]。

王緝志はまず，日本製プリンターのピン制御プログラムを書き直し，中国語向け漢字のプリントアウトを実現した。この成功を踏まえて，彼はさらにフォント・ライブラリーの開発を完成した。次に，王はピンイン入力法を導入して漢字入力の問題も解決した。そして最後に，英文キャラクター「M」を1つの点として使い，16×16箇「M」のドット・マトリクスを使って漢字を表現す

るという方法で漢字ディスプレイの課題をクリアした[25]。

上述した技術に改良を加え，製品化した成果物は四通の中国語ワープロMS-2400 シリーズであった。四通の中国語ワープロは，標準配列の英文キーボード，液晶ディスプレイ，CPU，フォント・ライブラリーとプリンターからなる一体型中・英文文書処理専用の小型コンピュータである。王緝志がリードした開発チームは中国でシステム設計をおこない，横浜でシステム設計の調整及びソフトウェアの開発を完成させた。ハードウェアの生産は，当初日本のアルプス社に ODM 方式で委託し，後に四通と三井物産の合弁企業によっておこなわれるようになった。

1986 年に販売を開始した四通ワープロが，その安さと中国語処理性能の高さで政府機関と事務用途が必要な企業を中心に人気を呼んだ。その結果，販売の最盛期には，四通のワープロが国内市場の 85％以上を占めるまでになった[26]。中国語ワープロの開発をつうじて，四通は中国の OA 化を促進したことにより，大きな存在感を示していた。

②方正のレーザー写植機

方正集団は，北京大学発のベンチャー企業として 1986 年に設立され，レーザー写植機の生産販売で事業基盤を構築した企業である。しかし，方正レーザー写植機の開発は，会社設立以前の 1975 年におこなわれた「748 プロジェクト」のサブ・プロジェクトとしてスタートしていたのであった[27]。

中国では，活版印刷に取って代わった技術は写真植字技術であった。写真植字技術とコンピュータ技術の結合で生まれた電子写植機の発展は 4 世代を経た。キーボードや鑽孔テープで光学機械を駆動する第 1 世代機は 1946 年に米国で開発された。文字は鑽孔テープまたは磁気テープなどを媒体として，これをコンピュータの指令により電子的に植字する第 2 世代機も 1950 年代に米国で登場した。コンピュータで CRT の蛍光面上に文字を描く第 3 世代機は，1965 年にドイツで開発された。コンピュータでレーザーを操作して文字を描く第 4 世代機はイギリスでは 1975 年，日本では 1985 年に登場した[28]。こうした技術発展の流れのなかで，1975 年時点で方正レーザー写植機の開発チームは，当時世界中でもまだ製品化されていなかった第 4 世代機の開発に取り組もうとしたのであった[29]。

第5章 パソコン産業における中国語情報処理技術 *111*

　ところが，コンピュータで漢字情報を処理するとなると，多種多様である漢字のフォントをコンピュータのメモリにいかに記憶させるか，といった大きな課題に直面した。漢字印刷のドット位置を1つ1つ記憶させていたのでは膨大な記憶容量が必要となり，当時のコンピュータのスペックでは処理のスピードがきわめて遅くなる。この問題の解決策として，開発をリードした王選は「輪郭＋パラメーター」という漢字の表現方法を考案し，必要な情報量を500分の1に圧縮することに成功した。彼はこの技術で欧州においても特許を取得し，1975年から1991年にかけて，漢字の字形処理を加速するラスター・イメージ・プロセッサ（RIP）の開発・改善に取り組んでいった[30]。

　王選の技術を利用して開発された方正レーザー写植機が中国国内市場をほぼカバーしただけではなく，東南アジアや台湾，日本など海外にも輸出された[31]。1988年から1994年まで，レーザー写植機はずっと方正社の主力製品であり続け，最盛期には全社売上げの70％以上を占めた。方正の売上高は1988年の0.35億元から1994年には18億元まで増大し，対前年比は倍増の勢いであった[32]。

(2)　パソコン関連の中国語情報処理技術

　前述したとおり，1980年代前半まで中国語が扱えるパソコンはまだ開発されていなかった。当時の急務は，輸入パソコン向けのアドオン方式漢字カードの開発，そして，中国語の処理が出来るパソコン（以下中国語パソコンと略す）の開発，であった。この2つの課題を解決した代表的な企業は聯想集団と長城集団である。

①聯想の中国語カード

　中国語情報処理技術の重要な課題である漢字入力をめぐって，「748プロジェクト」が実施されて以来，様々な方法が提案され，多数の入力法が開発された。大別すると中国語カード（ハードウェア）方式とソフトウェア方式がある。中国語カードとは，パソコンに差し込むと中国語による入力が可能となる基板である。ソフトウェア方式とは，カードを増設せずソフトウェアで同じ機能を実現する方法である。漢字の入力法には，大別すると字形による入力法と発音による入力法という2種類がある。字形による入力法とは漢字外郭の形を一定のコード（数字あるいはアルファベット）と対応させ，コードの組み合わ

せで文字を表現する方法である。この方法では，基本的に文字を１つ１つ入力する必要があり，そして，操作できるまでのトレーニングが必要となる。これに対して，発音による入力法はピンインをそのまま入力すればよいので，素人でもすぐに出来るというメリットがある[33]。

　聯想は聯想式入力法が組み込まれた中国語カードを採用した。聯想式入力法とは，前の漢字を入力すると，コンピュータはその文字で始まる単語の使用頻度にもとづいて次の文字を自動的に聯想し，入力候補として提示する機能を有する入力法である。当時，20種類近くの中国語カードが販売されていた中，聯想の漢字カードが最も高い人気を集めた商品であった。その理由は次の２つである。第１に，聯想の中国語カードはピンイン入力法を採用したため，素人でも入力作業が出来る。第２に，聯想式漢字入力法は文字を１つずつ入力するのではなく，単語を入力の単位としたため，入力スピードを格段に向上させた。こうした２点のメリットがあることで，人気を集めた[34]。

　1990年に聯想が自社ブランドパソコンを開発・販売する以前は，主にIBMやコンパックなど輸入パソコンに聯想の中国語カードを搭載し，セットで代理販売をしていた。これをつうじて，聯想は資金の蓄積と流通分野における経験の蓄積ができた[35]。

②長城の中国語パソコン

　中国では1974年からパソコンの開発が始まり，1977年に国内初のパソコンが誕生した。ただし，そのパソコンは性能とコンパクトさの両面において実用的ではなかったため，結局，中国政府は独自開発政策を放棄し，その後，1983年に　IBM/PCの互換機を開発する方針を固めた。当時の中国では，コンピュータ量産の準備がある程度出来ており，CPUなどメイン・パーツ以外のハードウェアの国内生産は可能であった[36]。喫緊な課題となったのは中国語対応のオペレーティング・システム（OS）の開発であった。

　1983年に，厳援朝がリーダーした開発チームはCC–DOSという中国語OSを開発し，「中文PC」と呼ばれた長城0520A型機を開発した。ところが，当時CPUの性能が低かったが故に，漢字を処理するたびにCPUの処理スピードが大幅に落ちるという問題が起きた。そこで，開発チームはハードウェアで漢字処理能力を高める方針を決め，中国語カードの開発に取り組んだのであっ

た。結果は望んだとおり，中国語カードを搭載することによって CPU の負担が軽減され，処理スピードが向上したのである。そして，1985 年 6 月に長城 0520CH 型パソコンが誕生した[37]。

　長城 0520CH 機は，中国初の中国語対応パソコンとして人気を集め，その供給は需要に応じきれないほど人気を集めた。当時の電子工業部はこの製品を量産化するために，部品生産能力を持つ国有企業を統合し，中国計算機発展公司として設立した。後に，長城というブランド名は「中国計算機発展公司」という企業名よりはるかに名高くなったため，社名が長城計算機集団公司に変更された。1987 年には長城 0520CH 型パソコンの生産台数が 1 万台を突破した。また，長城のパソコンが中国語のディスプレーと処理に優れていたため，IBM の中国向けパソコン PC550 に勝って売れ筋となった。長城集団は中国語オペレーティング・システムと漢字カードによって 1994 年までトップ・メーカーの位置を維持していた。長城 0520CH 型 PC の開発は，中国コンピュータ産業の誕生のシンボルまでになった[38]。

2. 中国語情報処理技術の開発者たち

（1） 技術者たちの概要

①北大方正の王選

　方正レーザー式写植機の開発をリードした王選は，1958 年北京大学数学力学学部計算数学専攻を卒業した。在学中，彼は「北大 1 号計算機」の開発に参加していた。卒業後，彼は北京大学無線電学部に残り，1 教員となった。卒業直後，王選は中型計算機の開発に携り，1961 年からソフトウェアとハードウェアの結合をテーマに研究を始め，1964 年に国産コンピュータ DJS21 機に使われた ALGOL60 というコンパイラーを開発している[39]。

②四通集団の王緝志

　四通ワープロの主要開発者である王緝志は，1963 年に北京大学数学力学学部を卒業した。その後，四通集団に入社する前に，彼は，中国科学院心理研究所で統計関連の業務や冶金部自動化研究所でコンピュータ関連の業務をおこない，そして王選の教えを受けたこともあり，コンピュータ言語に精通していた。王は四通集団に入社してからワープロの開発に取り組み始めたのではな

114 第Ⅱ部 「技術者による技術移転」に基づく競争優位

く，主に冶金部自動化研究所に勤務していた期間中に開発をおこなったのである。

③聯想集団の倪光南

聯想社の中国語カードの主要開発者である倪光南は，1961年に南京工学院無線電学部を卒業し，中国科学院の研究職に就いた。1968年，計算所初のトランジスター計算機717型機が開発された時，倪光南は同機種向けの漢字ティスプレーの開発に参加した。彼は，「748プロジェクト」の一部である漢字情報処理システム及び，手書き文字認識装置の開発など多くの国家プロジェクトに参加することを通じて，中国語カードに必要な知識を蓄積することができた。そして，1974年に倪光南は聯想式漢字入力法[40]のアイディアを考案した。1978年，倪光南は竺迺剛等との協力で111漢字情報処理実験システムを開発し，漢字の聯想式入力，コーディング，保存，ディスプレー，プリントアウトを可能にした。1983年，倪光南はLX-80型漢字図形マイクロ機を開発し，前述の実験システムを実用的なものにした。その後，聯想に入社するまでに倪光南は，このLX-80システムをパソコンに移転しようと試みていた[41]。

④長城集団の厳援朝

中国初の中国語OSであるCC-DOSを開発した厳援朝は，1976年に華中工学院電気機械学部を卒業した。彼は，1980年に優れた技術才能によって第4機械工業部第6研究所に入所できた。

（2） 技術者たちの共通点

中国語情報処理技術の主要開発者のキャリアをまとめると図表5-5が示す通りである。この表から見られる彼らの共通点は，まず，全員が中国の理工系名

図表5-5 技術者の教育と勤務先一覧

技術者	生年	卒業年	出身大学	勤め先
王 選	1937	1958	北京大学数学力学学部	北京大学無線電学部，方正グループ
倪光南	1939	1961	南京工学院無線電学部	中国科学胤計算所，聯想グループ
王緝志	1941	1963	北京大学数学力学学部	中国科学院心理研究所，冶金部自動化研究所，四通グループ
厳援朝	1951	1976	華中工学院電気機械学部	第4機械工業部第6研究所，長城グループ

（出所） 劉・張（1998），12-20頁，528-540頁，凌（2005），37-108頁にもとづき筆者作成。

門大学卒であり，また，改革・開放期以前に卒業した。次に，彼らは企業に入社する前は中国科学院，機械工業部管轄下の研究所，北京大学など旧ソ連の技術移転を受け，そして伝播した研究開発・教育機関に勤めていた。さらに彼らはそこでの勤務期間中に中国語情報処理技術の開発に取り組み，相当な成果を上げたことにある。したがって，彼らの技術形成には，旧ソ連技術移転の影響が大きいと考えられる。そこで，次節では，1950年代におけるソ連から中国への技術移転を見た上で，技術者たちの技術がどこで，如何に形成したかを明らかにする。

第4節　ソ連の対中技術移転と開発者たちの技術形成

1. ソ連の対中技術移転と「技術者による技術移転」

（1）　ソ連の対中技術移転

　本節では，まず1950年代に起きたソ連の対中技術移転がどのようなものかを考察し，そして，中国語処理技術の開発にいかなる影響を与えたのか明らにする。その上で，中国語情報処理技術の開発者たちの技術がどこで，いかに形成されたかを解明する。

　ソ連は，1950年代に少数の先端軍事技術を除き，ほぼ秘匿なしに数多くの技術を中国に供給した。対中プラント輸出は主要な形であり，完成品・部品・原材料などハード類と合わせて対中輸出の9割以上を占めていた。ソ連は，機械設備などハードウェアを輸出すると同時に，設計図・製法など技術資料も中国に渡した。さらに，ソ連から中国に派遣された専門家や技術者らは，工場立地の地質調査をはじめ運営・生産などに関するあらゆる指導をおこない，中国側が独自に工場の運営・管理ができるまで，ほぼ全プロセスに携わっていた。また，ソ連は中国の留学生・研修生向けの技術訓練を多く実施した。総じて言えば，ソ連の対中技術移転はハード・ソフト的な要素を備えた，包括的な技術移転であった。当時，150にわたる重点プロジェクトが実施され，うち10プロジェクトが電子工業・計算機関連の電気・有線電・無線電工場のプロジェクトであった。第2節で言及した，後になって長城パソコンの主力工場であった

北京有線電工場（738 工場）はその代表的なものである[42]。

　計算機開発におけるソ連の対中技術指導は，包括的技術移転の好例である。その技術移転のプロセスは次のとおりである。まず，ソ連の大学や研究機関は中国からの研修生・留学生を受け入れ，教育訓練をおこなった。その内容には最新機種の原理や開発・組立技術も含まれていた。次に，ソ連はモデル機種の部品一式を中国に輸出し，必要な技術資料も中国に提供した。最後に，ソ連からの専門家や技術者が中国の開発現場に臨んで指導をおこなった。中国の技術者は，研修や留学経験をもつ者を中心にソ連技術者の指導の下で開発を進めていった。このようなダイレクトな技術移転以外に，ソ連から中国の高等教育への知識・技術移転も中国の計算機開発に大きな影響を与えた。例えば，北京大学数学力学学部の教育計画と科目設定は，モスクワ大学力学数学学部のそれをベースにしていた。1950 年代，同学部の全科目の教科書はロシア語教科書の中国語訳であった。1955 年に同学部はソ連の大学に倣って計算数学研究室を設置し，1959 年に計算機実験室を設立した。また，ソ連に留学した科学技術者は母校に戻って教員となることが多かった[43]。

　後にソ連の対中技術移転は，1960 年前後の中ソ対立により停止した。これはソ連が機械設備や部品などハードウェア，技術資料や教育訓練などソフトウェアを中国に供与出来なくなることを意味する。しかし，教科書や技術資料などに載った技術情報や知識がすでに中国に移転されていたことと，両国技術者の移動と交流をつうじて，暗黙知が中国の技術者に蓄積されていたことから，計算機開発に必要な技術・知識の中国国内での移転がその後もおこなわれたのであった。

(2) 「技術者による技術移転」

　ソ連の対中技術移転を担ったのが，訪中したソ連の専門家・技術者と，図表5-6 に見るソ連に派遣された中国の留学者たちであった。同表の ③ を例にとって技術移転の内容について詳しく見てみよう。研修に派遣された 20 人はほとんど 20 代で，ある程度の技術開発経験を持つ若手技術者であった。彼らの学ぶ技術分野は次のとおりである。14 人は演算装置，内部および外部記憶装置，機械構造，電源などハードウェア技術の研修をおこない，6 人はアルゴリズム，プログラム設計，言語とコンパイラーなどソフトウェア技術の研修に

第 5 章　パソコン産業における中国語情報処理技術　*117*

図表 5-6　ソ連視察，留学，研修経験者と技術移転

グループ	期間	参加者	レベル	場所	活動内容	結果と意義
①	1956 年 3 月 8 日〜3 月 28 日	閔乃大，胡世華，呉幾康，張効祥，徐献瑜，林建祥など。	計算所設立準備委員会のメンバー。	モスクワ。	視察。ソ連科学院計算所，計算センター，動力研究所，自動制御及び遠距離操作研究所見学，ソ連専門家との座談会など。	ソ連における計算機開発，開発の管理などを見学した。
②	1956 年 9 月 11 日〜12 月	閔乃大，徐献瑜，呉幾康，夏培粛など 15 人。	同上。	同上。	視察。科学院 10 部門，無線電工業 8 部門，器具及び自動化工業部 1 部門，3 つの教育機関，計 21 機関の見学：ソ連専門家との座談会など。	計算所を設立するための準備。
③	1957 年 2 月〜1958 年	全国から選出した 25 〜30 歳の技術・開発経験を持つ技術者 20 人。	大卒，ある程度の研究・開発経験を持つ技術者。	精密機械と計算技術研究所，ソ連科学院計算センター。	演算装置・内外部記憶装置，機械構造，電源，トランジスター数字回路，アルゴリズム，プログラム設計，言語とコンパイラーなどの分野における研修。	指導教員はすべて研究室の責任者或いは主要技術者，1 年半を経てソ連の基礎技術をほぼ習得した。
④	1956 年 10 月〜1962 年	高等教育局が選出したロシア語学習歴 1 年の 30 人。	高卒。	ソ連の工科大学 2 校。	留学。計算機専攻の学部生として留学。	
⑤	1956 年〜1959 年	李三立，徐培南など 10 人。	大学の若手教員（助手，講師など）。	ソ連科学院計算所と計算センタ（5 人ずつ）	大学院生として留学。	うち 4 人が副博士の学位を取得した。

（出所）　張久春・張柏春（2003），64-72 頁にもとづき筆者作成。

取り組んだ。研修を経て，張効祥などの研修者は，計算機開発に必要な技術全般を習得する事ができた。帰国後，研修時にモデル機に指定されたソ連のM-20 型機と同じ原理・基本構造を有する 104 型機が開発された[44]。また，104 型機の開発期間中に，70 余人の技術者が地方から開発の現場である科学院

に集まり，見学と協力をした[45]。このようにソ連では，ソ連の技術者から中国の研修者へ，中国科学院では，ソ連で研修を経た技術者から全国の技術者へと技術移転がなされたのである。

図表 5-6 の ① と ② のメンバーは高いレベルの技術者であった。なぜなら，彼らのほとんどが帰国後に重要な研究部門に残り，コンピュータ開発の中核技術者となったからである。彼らは助手・後学を指導することをつうじて，自分の知識・技術を助手や後学に移転したと考えられる。また，一部の研修者と留学者が大学教員となったことにより，北京大学や清華大学をはじめ多くの大学がソ連の知識・技術を伝播する拠点となったのである。それ以外，研究機関に配属された研修者と留学者もいた。特に機械工業，冶金工業はソ連の技術援助を受けた重要な部門であったため，傘下の研究所はソ連技術の影響を深く受けたと考えられる。王緝志と厳援朝は，この2部門の研究所に所属していた（図表 5-5）。

2. 中国語情報処理技術の開発者たちの技術形成

次に，中国語情報処理技術の開発者たちとソ連の対中技術移転との関係について見てみよう。王選の出身学部である北京大学数学力学学部は，ソ連のモスクワ大学の同学部に倣って設立された。彼が所属していた無線電学部は，数学力学学部の計算機関連の部門と物理学部の関係部門からなっていた。王緝志は王選と同じ学部の出身で，先述のとおり，王選からソフトウェア技術を学んでいた。王緝志は科学院心理研究所に勤務していた期間中に，ソ連からの帰国留学者に出会ったことがある。彼は情報論を心理問題の研究に応用した研究者であり，王緝志に深い印象を残したという[46]。倪光南の出身大学である南京工学院は，欧米からの帰国組教員が多くいた大学であるが，彼は 1961 年に計算所に入所し，同所に 20 年間以上にわたって勤務していたため，計算所が彼の主要な技術形成の場であると思われる。北京大学数学力学学部や計算所はソ連からの技術移転の主要な受け皿であった。

厳援朝の出身校である華中工学院は，ソ連の専門型人材重視の教育方針にしたがって 1950 年代に新設された工科大学である。次の2点から，大学時代の厳援朝はソ連の技術の影響を受けたと推定できる。まず，教員の中でソ連への

留学経験者数を見ると，ソ連による影響の大きさが窺える。厳援朝が卒業した1976年時点では，留学経験を持つ教員50数人の中，大半はソ連からの帰国組であった。1950年代においては，教員8人のうち少なくとも1人のソ連留学帰国者がいた[47]。次に，教育の内容からソ連の影響が窺える。1950年代以降，中国の大学教育は，学部・専攻の設置からカリキュラム，テキストまでソ連のものを倣っていた。このような状況は，文化大革命の末期まで続いていた[48]。

　ソ連の対中技術移転への考察をつうじて解明した技術移転の経路は次のようである。中国語情報処理技術の開発者たちが国内の大学や職場で教師，学生，同僚間などの関係をつうじて知識・技術を身につけたのであるが，彼らの教師や同僚たちの技術形成は1950年代中期に起こったソ連の対中技術移転までに遡る。ソ連の対中技術移転において，機械・装置，原材料，技術資料など有形のものだけではなく，技術革新に必要な知識・技術は技術者の移動・交流や技術教育をつうじて中国に移転されていたのである。こうした技術者を通じた技術移転がその後の中国語情報処理技術の開発を支えたのである。

第5節　おわりに

　本章では，中国語情報処理技術という技術革新は誰によって達成されたのか，彼らの技術はいかに形成されたのか，をめぐって考察した。その結果，①1950年代におこなわれたソ連の対中技術移転において中ソ両国間の技術者を通じた技術移転がすでにおこなわれており，1960年代から80年代初頭まで，中国技術者の技術は，国内における技術者を通じた技術移転により形成されていたのである。②1980年代半ばに遂げられた中国語情報処理技術の技術革新が，「技術者による技術移転」によってもたらされたものである，ということが明らかになった。

〈注〉
1　汪（1995），13-16頁。
2　張（2004），12頁。
3　芮・陶等（2004），86頁。
4　林（2003），820-822頁。

120 第Ⅱ部 「技術者による技術移転」に基づく競争優位

5 胡（2006），44 頁。

6 前掲書，277 頁。

7 胡（2006），44 頁

8 通産省監修（1975），270 頁。

9 胡（2004），383-400 頁，胡（2006），42-48 頁を参照。

10 中川（2007），53-54 頁。

11 芮・陶等（2004），87 頁。

12 大西（2001），126-129 頁。

13 胡（2006），201-203 頁。

14 金・趙（1995），1-2 頁。

15 川島（2005），86-87 頁。

16 CSIA（2009），550 頁。

17 748 プロジェクトは，第 1 機械工業部（省），中国科学院，国家出版事業管理局などによって発起された国家プロジェクトである。同プロジェクトは，1950 年代の中国語-ロシア語間機械翻訳システムの研究結果と，70 年代中期からの漢字情報処理システムの研究結果をベースにして，漢字情報コンピュータ処理の標準化を図る中国情報化推進の第 1 弾と位置づけられた。その下では，漢字での通信，情報検索，写真植字技術の開発という 3 つのサブプロジェクトがあった。「748 プロジェクト」に参加したのが数百の研究チーム，数万人に及び，147 ほどの漢字入力法，数十のシステム案が提出された。そして，1980 年に 6763 の常用漢字を含む「情報交換用漢字コード集」との国家標準（標準号：GB2312）が公表されたことをきっかけに，漢字情報自動化処理の基礎を築き，漢字情報システム普及の発端となった。さらに，1981 年の「中国中文信息研究会」，1983 年 11 月の「中国計算機系統漢字信息処理専門委員会」の設立により，挙国一致の漢字情報計算機処理研究開発体制ができて，中国語の使えるハード，ソフト及びコンピュータシステムが次々と開発され，コンピュータの中国における応用普及には大きな貢献を果たした（胡，2001，59-60 頁；CSIA，2009，551-552 頁による）。

18 凌（2005），89 頁。

19 劉・張（1998），528-540 頁。

20 World Bank（2007），p.21。

21 董（2009）。

22 情報処理学会歴史特別委員会（1998），144 頁。

23 中国語タイプライターとは，A2 サイズの文字盤に 2 千数百文字の活字の母型が並べられ，そこからタイピストが，まず必要な文字を 1 つ 1 つ見つけ，次に機械装置で文字の母型をピックアップし，最後に紙あるいはガリ版の原紙に印字する，活版印刷の原理を利用した機械である（中国文化用品公司教材編審委員会編［1957］，206-214 頁による）。

24 中川（2008），67-68 頁。

25 ここでの記述は，王緝志のウェブログ「开发四通打字机的故事（四通ワープロの開発について）」（1-3）（http://blog.sina.com.cn/s/articlelist_1243629662_4_1.html アクセス：2009 年 12 月 29 日）にもとづいている。

26 王少青（2006）「王緝志：実現漢字輸入夢想（漢字入力の夢を現実にした王緝志」『中国計算機報』オンライン版（http://www.ciw.com.cn/News/person/2006-10-23/9700.shtml アクセス：2009 年 9 月 26 日）。

27 劉・張（1998），12-20 頁。

28 澤田善彦「印刷 100 年の変革・電算写植の歴史」（http://www.jagat.or.jp/story_memo_view.asp?StoryID=4364 アクセス：2010 年 11 月 24 日）による。

29 中川（2007），55 頁。

30 丸川（2004），49 頁。

31 劉・張（1998），50-51 頁。

32 丸川（2004），63 頁。

33 姜（1985），3-4 頁。

34 徐（2007），28-29 頁。

35 凌（2005），39-40 頁。

36 芮・陶等（2004），86-87 頁。

37 「厳援朝：中文操作系統第一人」『中国計算機報』2006 年 10 月 23 日第 C16 面。

38 劉・張（1998），529-540 頁。

39 前掲書，12-14 頁。

40 聯想式入力法とは，前の漢字を入力するとコンピュータは常用される単語を自動的に連想し，入力候補として提示する機能である（徐方啓［2007］，28-29 頁を参照）。

41 「倪光南：学者追夢二十年」，『上海信息化』2006 年第 7 号，8-12 頁。

42 張（2004），176-182 頁。

43 北京大学数学科学学院 HP「北京大学数学科学学院発展歴程」（http://www.ihns.ac.cn/bdsx. htm，アクセス：2008 年 7 月 21 日）による。

44 胡（2004），379-380 頁。

45 日遥（2008），65-66 頁。

46 王緝志のウェブログ「我的工作経歴（63 年－69 年）」（http://blog.sina.com.cn/s/blog_ 4a20485e0100eulh.html，アクセス：2009 年 12 月 30 日）による。

47 梅・胡（2003），8 頁。

48 趙（2007），15-17 頁。

〈参考文献〉

Qiwen Lu（2000）*China's leap into the information age*, Oxford University Press.

Saxenian, A. L.（1994）*Regional Advantage: Culture and Competition in Silicon Valley and Route 128*, Harvard University Press.（山形浩生・柏木亮二訳［2009］『現代の二都物語』日経 BP 社。）

Saxenian, A. L.（2006）*The New Argonauts. Regional Advantage in a Global Economy*. Harvard University Press, Cambridge, MA.（酒井泰介訳［2009］『最新・経済地理学：グローバル経済と地域の優位性』日経 BP 社。）

World Bank（2007）*Strengthening China's Technological Capability*, WPS4309.

OECD（2008）*The Global Competition for Talent.: MOBILITY OF THE HIGHLY SKILLED.*（門田清訳［2009］『科学技術人材の国際流動性：グローバル人材競争と知識の創造　普及』明石書店。）

大西謙（2001）「中国の産業構造とコンピュータ産業」本田英夫編（2001）『中国のコンピュータ産業』晃洋書房。

胡栄安（2001）「中国計画経済体制における企業の情報利用」本田英夫編（2001）『中国のコンピュータ産業』晃洋書房。

川島光弘（2005）「技術開発体制の改革」安藤哲生・川島光弘・韓金江（2005）『中国の技術発展と技術移転』ミネルヴァ害房。

澤田善彦「印刷 100 年の変革・電算写植の歴史」（http://www.jagat.or.jp/story_memo_view. asp?StoryID=4364，［アクセス：2010/11/24]）。

情報処理学会歴史特別委員会（1998）『日本のコンピュータ発達史』オーム社。

徐方啓（2007）『柳傳志―聯想をつくった男』ナカニシヤ出版。

通産省監修（1975）『電子工業年鑑 1975 年版』電波新聞社。

中川涼司（2007）『中国の IT 産業』ミネルヴァ書房。

中川涼司（2008）「中国の IT 企業家とその形成モデル」『国際地域研究』2008 年 12 月，第 28 号，59-90 頁。

中島一郎（1984）「ビジネスマンのための先端技術シリーズ：コンピュータ』通商産業調査会。

夏目啓二（2010）「アジア ICT 企業の競争力と人材の国際移動」夏目啓二編著（2010）『アジア ICT 企業の競争力』ミネルヴァ書房。

丸川知雄（2004）「北京北大方正集団公司」今井理之編著（2004）『成長する中国企業：その脅威と限界』国際貿易投資研究所。

丸川知雄（2007）『現代中国の産業』中公新書。

李東（2001）「中国企業情報化の現状と課題」本田英夫編（2001）『中国のコンピュータ産業』晃洋書房。

CSIA（中国軟件行業協会）（2009）「中国軟件産業発展研究報告」。

董軍（2009）「自主創新様本：中星微閣関」「中国経営報」2009 年 1 月 12 日第 A08 面。

胡守仁（2004）『計算機技術発展史（一）』国防科技大学出版社。

胡守仁（2006）『計算機技術発展史（二）』国防科技大学出版社。

姜徳存（1985）「我国中文信息処理技術発展概況」『中国科技史料』1985 年第 6 巻第 2 号，3-5 頁。

金聖東・趙正平（1995）「中国半導体集成電路誕生 30 年」『半導体情報』1995 年 12 月第 6 号，1-6 頁。

凌志軍（2005）『聯想風雲』中信出版社。

林蘭英（2003）「四十年崢嶸歳月」『物理』2003 年 12 号，820-822 頁。

劉剣・張永捷（1998）『知識英雄』中国社会科学出版社。

梅世炎・胡伏秋（2003）「一段難忘的歴史—原華中工学院師資隊伍建設和朱九思」『高等教育研究』2003 年第 24 巻第 5 号，50-55 頁。

芮茜明傑・陶志剛等（2004）『中国産業競争力報告』上海人民出版社。

上海財経大學産業経済研究センター（2007）「2007 中国産業発展報告」上海財経大學出版社。

王緝志（2006）「開発四通打字机的故事（四通ワープロの開発について）」（1-3）http://blog.sinacom.cn/s/artidelist_1243629662_4.html ［アクセス：2009/12/29］。

第6章

オフショア開発による日本から中国への技術移転

第1節　はじめに

　中国のソフトウェア産業は，1990年代以来急成長をみせ，2010年にその年間売上高は世界ソフトウェア産業総売上高の15%を占めるようになっている[1]。しかしながら同産業の拡大は，製造面における量的拡大が主流であり，中国のソフトウェア産業は，過小な企業規模，ソフトウェア品質の低さなどの様々な課題を抱えている。なかでも，国内企業のシステム開発能力が情報化のニーズに追いつかないことは大きな課題となっている。これは情報システム開発の上流工程を担当できる高度なIT人材の不足に起因する。このような問題が起きる主要な原因としては，中国政府，国内企業，大学，そして人材育成機関などに限界があるためと思われる。したがって，この問題を解決するには海外からの技術導入が必要になると考えられる。

　そうしたなかで，中国のソフトウェア産業において，日本向けオフショア開発の規模はそれほど大きくないが，いくつかの中国企業が日本向けオフショア開発をつうじて技術力を蓄積し，ソフトウェア開発の上流工程をも担当できるようになった。さらに，彼らは，もはや国内市場向けのSIベンダーとしても活躍し始めている。

　ところが，日本でのオフショア開発に関する研究は，主に日本企業を主体としたオフショア開発を成功に導く手法や課題（S-openオフショア開発研究会[2004]，野口[2008]，丸尾[2008]），また，日本企業と中国企業間における工程間分業の変化（許[2006]，梅澤[2007]）などをめぐってなされてきた。これまで中国の視点から捉えた研究が十分になされていなかった。こうしたなかで，高橋（2009）が異なる分析視点を提起した。高橋（2009）は，日本から

中国へのオフショア開発が中国ソフトウェア産業の技術向上に寄与しているという重要な点が見落とされていることを指摘し，そして，日中企業間分業構造の変化をつうじた中国ソフトウェア企業の技術向上の過程を明らかにしようとしている。筆者はこうした高橋（2009）の分析視点を共有し，技術者のなかでもブリッジSEに焦点を当てて，中国ソフトウェア企業が如何にして技術進歩を遂げたのかを解明する。というのも，ソフトウェア・ビジネスは主に技術者の知識・技能に依存するからである。

　日本のオフショア開発においては，技術者のなかでも，ブリッジSEがプロジェクトの成否に関わるキーパーソンと言われている。そこで本章は，まず，第2節で日本から中国へのオフショア開発の発展，そしてそれが中国ソフトウェア産業の技術進歩に寄与したことについて考察する。次に，第3節では，オフショア開発におけるブリッジSEの役割と，中国ソフトウェア企業の技術進歩にとってブリッジSEの意義を明らかにし，そして，日系企業においては，ブリッジSEが企業内国際移動をつうじて育成されていることを解明する。第4節では，Neusoft，DHCなど少数の中国ソフトウェア企業におけるブリッジSEの育成が，日系企業に依存することなく，自社内でもおこなえるようになったことを明らかにする。最後に，ブリッジSEの育成をつうじた技術移転によって，上流工程を担当できるようになっただけではなく，一部の中国ソフトウェア企業においては，国内市場向けのSIベンダーとしての技術発展を支え始めていることを，事例研究で明らかにする。

第2節　オフショア開発と中国ソフトウェア産業

1. 日本から中国へのオフショア開発

（1）　オフショア開発とは

　オフショア開発とは，「ソフトウェアのオフショア開発」の短縮形としてソフトウェア産業界で多用される用語であり，本章では「（企業が）システムやソフトウェア開発を，海外の事業者や海外子会社等に委託して，海外で開発すること」[2]ととらえる。そして，日本企業が海外子会社あるいはローカル企業

にソフトウェア開発を委託することを「日本のオフショア開発」と呼ぶ。日本のオフショア開発をつうじて，中国，インド，ベトナムなどの国々のソフトウェア産業がリンクされるようになったのである。

ソフトウェア開発は，プロジェクトごとに図表6-1に示されている諸工程からなる。これらの工程は，さらに要求定義・運用テストなどの高度な知識・技術が求められる上流工程（したがって高い付加価値をともなう）と，コーディング・単体テストといった単純な技術しか求められない下流工程（したがって低い付加価値しかともなわない）に大別される（図表6-2）。現状では，ほとんどの場合において，すべての工程が1社によって完成されるのではなく，数社のソフトウェア・ベンダーが分業しながらシステム開発をおこなうのである。

内需が産業規模の約9割を占める日本の情報サービス産業において，ソフトウェア企業の大半は国内受託開発型のビジネス・モデルをとっている。そうしたなかで，富士通，NEC，日立，日本IBM，NTTデータなど大手ソフトウェア企業が元請けとして中央官庁・銀行の統合案件，通信関連案件などの大型案件を受注し，要求定義・運用テストといった上流工程を担当する。これら元請けベンダーが，システム開発の一部を中小の下請企業に任せ，下請企業はさらにその一部を孫請け企業に任せるという，いわゆる重層的な企業間分業構造が一般的である[3]。

企業内におけるソフトウェア開発は，主にプロジェクト・チーム方式でおこなわれ，開発チームはSEやプログラマーと呼ばれる技術者とスタッフから構成される。ここでのSEとは，「システム開発をおこなうにあたり必要となる，さまざまな作業全体に関わる非常に幅広い職種」を意味する[4]。より具体的にいうと，SEはシステムの設計だけではなく，顧客との交渉，各開発工程における全体管理を含め，プログラミング以外のシステム開発の全体を実施する。ITSS（ITスキル基準）[5]のバージョン3（V3）の枠組みにおいてSEに当たるのは，ITアーキテクチャー，プロジェクトマネジメント，ITスペシャリスト，アプリケーション・スペシャリストの4職種である。また，プロジェクト・マネージャーやテクニカル・リーダーを担当するのは上級SEである[6]。

こうした日本のソフトウェア産業のなかで，近年における製品ライフサイク

126 第Ⅱ部 「技術者による技術移転」に基づく競争優位

図表 6-1 ソフトウェア開発各工程の目的と作業内容

開発工程	主要目的	行う作業
要求定義	開発するシステムの目的など，システムの計画を作成する。システムの機能など，システムへの要求を明確にし，システムによる実現の範囲を決める。	・システム開発の背景となる経営課題や業務課題の把握 ・現行の対象業務の調整と分析 ・業務データの分析 ・システム構想の策定 ・システム構成，信頼性，性能，移行，運用，保守など要件の明確化 ・費用対効果分析 ・開発スケジュールの作成（工数の見積もり）
外部設計	システムの画面や外部インターフェース，ユーザーから見たシステムの設計を行う。	・帳票，レポートの設計 ・周辺システムや設備などとのインターフェースの設計 ・新システム導入後の業務オペレーションの設計 ・ファイルやデータベースの論理設計 ・サブシステムの仕様とサブシステム間インターフェイスの設計 ・システムの移行，導入方法 ・障害発生時の対処方法
内部設計	開発を進める上でのシステムの内部構造，仕組みを設計する。	・プログラムの詳細機能の確認 ・詳細機能を実現するための仕組みの検討 ・物理的なデータ（データベース，ファイル）の仕様の作成 ・共通プログラム仕様の設計 ・モジュール構造の設計 ・テスト計画の詳細化
プログラミング	プログラム設計を行い，実際にコーディングする。作成されたプログラムの単体テストを行う。	・モジュール仕様の作成 ・コーディング ・モジュール作成と単体テスト ・サブシステム内での結合テスト
テスト	結合テスト，システムテスト，運用テストを順に実施してソフトウェアの品質を高める。	・結合テスト（モジュールを結合してテストする） ・システムテスト（システム全体を結合してテストする） ・システムの事務での運用をテストする

（出所）　Mint（2000），48-53 頁により筆者作成。

ルの短縮，案件の大型化・複雑化，ソフトウェア開発の低価格化などにより，技術者の人手不足，開発コストの上昇が起き，日本国内では解決しがたい問題が生じている。これらの問題を解決するために，元請け企業と下請企業の上層に位置する SI ベンダーが主力となって，オフショア開発がおこなわれるようになった[7]。その結果，日本国内の下請や孫請け企業が担当していた工程は，現在では日本の多国籍企業の海外子会社，或いは海外企業に委託されるように

図表 6-2　ソフトウェア開発における各工程の位置

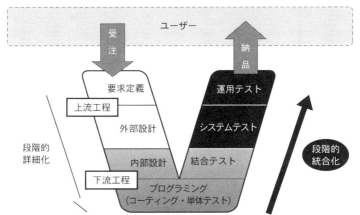

（出所）　Mint（2000），56 頁にもとづき筆者作成。

なったのである。

(2)　日本のオフショア開発の歴史と現状

　日本のコンピュータメーカーが，本格的に海外ソフトウェア会社を利用し始めたのは 1980 年代からである。そして，安価なエンジニア・リソースを求めた日本企業による中国進出は 1980 年代末からスタートした。ところが，1990年代初頭まで中国は，市場経済そのものが未成熟であり，さらに中国政府の経済政策が今ほど積極的ではなかったために経営がうまくいかず，期待した成果を上げた日本の企業は少なかったのである[8]。

　その後，1990 年代に入ると日本経済が停滞し始め，特に 1990 年代後半以降日本企業の IT コストに対する削減要求が高まった。その結果，再び海外のソフトウェア会社を利用する動きが強まったのである。一方，中国では鄧小平氏の南巡講話（1992 年 2 月）により改革開放が深化し，外資が本格的に中国に進出し始めた。そして，中国政府はソフトウェア産業の発展を奨励する政策を打ち出した。また，1990 年代半ばからインターネットが普及し始め，通信環境が整備されたこともあり，オフショア開発に必要な条件が整ったのである。1990 年代前半までは，主に中国人ソフトウェア技術者が日本に出張して開発をおこなっていた。そのため，中国でオフショア開発をおこなう形態は，ほと

んどなかったのである。しかしこのころから2000年までは，オフショア開発の規模自体は小さかったものの，中国でのオフショア開発が急速に伸び始めた。この段階における中国の日本向けオフショア開発は，製造フェーズ（コーディングと単体テスト）といった下流工程が中心であり，要件定義や設計フェーズでの開発は，ごく小さなプロジェクトに限られていたのであった。

2000年以降，日本のオフショア開発の規模及びそのうち中国への発注額が伸び続け，2008年にはそれぞれ千億円強と564.5億円となっている（図表6-3）。この時期に入ると，中国の日本向けオフショア開発が単純なコーディング作業から，設計フェーズを含む開発工程も担当できるようになった。この点は，2000年以前と大きく異なる（図表6-4）。その要因としては，日本でソフトウェア開発を経験した中国人技術者が帰国し始め，彼らがオフショア開発を支える架け橋となったからである[9]。

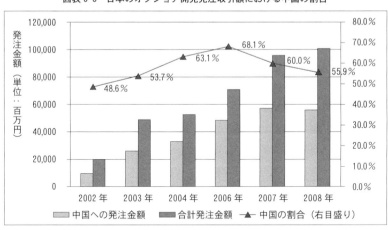

図表6-3　日本のオフショア開発発注取引額における中国の割合

（出所）　情報処理推進機構（2010），72頁より筆者作成。

2. オフショア開発を通じた日本から中国への技術移転
(1) 日中企業間分業関係の推移

中国の日本向けオフショア開発は，中国企業がコーディング，単体テストなど下流工程しか担当できないところからスタートした。その約10年後，許

(2006)，梅澤（2007），高橋（2009）が事例で明らかにしたように，詳細設計や結合テストといった業務の割合が高くなっている。さらに，ごく少数の中国企業においてではあるが，基本設計や総合テストの割合も増大している。日本の情報処理推進機構による調査結果も，それを裏付けている（図表 6-4）。このような発展動向については，中国ソフトウェア産業の最大の業界団体である中国軟件行業協会（CSIA）もほぼ一致した認識を持っている。同協会は，また，5～10 年先までにオフショア開発に取り組む中国企業の目指すべき技術進歩の目標を，図表 6-5 のように展望を示している。

図表 6-4　国・地域別オフショア開発対象業務

	対象業務と回答した企業の割合（％）										
	回答数	要件定義	基本設計	詳細設計	プログラミング	単体テスト	結合テスト	総合テスト	技術研究・開発	その他	無回答
中国	82	1.2	13.4	74.4	97.6	92.7	56.1	8.5	3.7	4.9	1.2
韓国	5	–	20.0	40.0	60.0	40.0	40.0	–	–	20.0	–
インド	17	5.9	23.5	64.7	82.4	76.5	58.8	17.6	35.5	11.8	11.8
ベトナム	16	–	6.3	50.0	93.8	87.5	37.5	–	–	–	6.3
フィリピン	6	–	–	83.3	100	100	66.7	33.3	–	–	–
米国・カナダ	4	50.0	50.0	50.0	50.0	50.0	25.0	25.0	75.0	25.0	–

注：本表のデータは 2007 年末の状況を反映している。
（出所）　情報処理推進機構（2009a），290 頁。

図表 6-5　中国企業の担当工程の現状と展望　（2007 年現在）

段　　階	I 要求定義	II 概要設計	III 詳細設計	IV 開発作業	V 保守など
2007 年現在	日本企業	日本企業	一部共同	共　同	日本企業
3 年後	日本企業	一部共同	共　同	中国企業	日本企業
5～10 年後	日本企業	共　同	共　同	中国企業	一部共同

（出所）　CSIA（2008），62-63 頁にもとづき筆者作成。

(2)　中国ソフトウェア企業の技術進歩

こうしたオフショア開発をつうじて日本企業から中国企業への技術移転は，

130 第Ⅱ部 「技術者による技術移転」に基づく競争優位

企業レベルでも確認できる。図表 6-6 は，2005 年 5 月末時迄 CMM5[10] に合格した企業の一覧である。合計 17 社のうち，国内企業は 9 社と約半分を占めるなかで地域別に見ると，中規模都市である大連に立地する企業が 4 社もあり，大都市である北京・上海・南京を上回っている。そして，この大連企業 4 社のなかには，日本向けオフショア開発をつうじて成長を遂げた Neusoft，DHC，Hisoft の 3 社が含まれている。これらの企業における CMM5 の合格は，日本向けオフショア開発に集中的に取り組んだ後に達成されたことと，Neusoft，DHC が SI ベーダーとしても台頭し始めていることから見ると，これらの企業において，オフショア開発をつうじてなし遂げた技術進歩は，国内業務の展開にも応用されていると考えられる[11]。

　以上の考察から，中国企業が日本向けオフショア開発をつうじて，下流工程から中流工程へと移行し，そして一部の企業が，上流工程にも参入できるようになっていることが分かった。さらには，オフショア開発で蓄積した技術が一

図表 6-6　CMM5 認証を取得した企業の一覧（2005 年 5 月末時点）

地　域	企　業　名	社　数
北京	NEC-CAS（現社名：日電卓越） ハネウェル北京 モトローラ中国ソフトウェア・センター 用友ソフト	4(1) ※
上海	HP 中国ソフトウェア研究開発センター ベリングポイント・グローバル開発センター ワンダー（万達）グループ TCS 上海 HUAWEI テクノロジーズ上海	5(2)
大連	NEUSOFT（東軟集団） アクセンチュア中国情報技術センター 大連海輝（HiSOFT） 大連華信（DHC） 大連現代ハイテク発展有限公司	5(4)
南京	HUAWEI テクノロジーズ南京	1 (1)
蘇州	新宇ソフト	1 (0)
インド	HUAWEI テクノロジーズ・インド	1 (1)

※ 　　　部は中国国内企業を示す。また，括弧内は中国国内企業の合計社数である。
（出所）　中国商務部（2005），462 頁により筆者作成。

部の国内業務にも活用・転用されていると考えられる。

　それでは，なぜ日本向けオフショア開発をつうじて技術移転がおこなわれたのか，そして，技術移転は如何になされたのかが重要な論点となると思われる。そこで，次節では，日本のオフショア開発における独特な職種であるブリッジ SE に焦点を絞って考察する。

第3節　ブリッジ SE の役割と日系企業による育成

1. ブリッジ SE の役割

(1)　日本のオフショア開発のキーパーソンとしてのブリッジ SE

　ブリッジ SE とは，文字通り架け橋の役割を果たすシステム・エンジニアのことであり，本章では，「IT のスキルだけでなく，言語や文化など両国間（例えば中国と日本）のビジネス習慣を熟知し，間に立って円滑に業務を進められるよう指示できる SE」[12] と捉える。

　日本のオフショア開発において，ブリッジ SE は開発の成否に係わるキーパーソンであると言われている。というのは，欧米系企業とは異なり，日系企業の場合，日本語という日本でしか通用しない言語や日本の独特なビジネス慣行，とくに設計仕様の変更が契約以降もおこなわれるという日本的なやり方があり，IT のスキルだけでなく，言語や文化など両国間（例えば中国と日本）のビジネス習慣を熟知し，間に立って円滑に業務を進められるよう指示できる SE としてのブリッジ SE は，これらを理解・伝達でき，さらには調整もおこなえるからである。また，設計仕様の変更は，日系企業の品質・納期管理にとって重要な位置づけが与えられている[13]。ブリッジ SE を担当できるのは，オフショア先の言語，文化，ビジネス慣行などが分かる日本人 SE，あるいは日本のそれらが分かる現地人 SE である。

　前項をつうじて，ブリッジ SE には技術，管理そしてコミュニケーションなど多くの能力が求められることが分かった。しかしながら，これらを1人のエンジニアでおこなうことは困難なため，一部の企業では，「ブリッジ SE リーダー」，「在日子会社 SE」，そして「現地（中国）プロジェクト・マネー

ジャー」,「現地(中国)担当SE」などといったように,役割を分散させてブリッジSEの役割を果たす体制がとられるようになった[14]。

技術力に限って見ると,SEの場合と同様に,プロジェクトの規模,難易度,そしてオフショア開発の対象となる工程そのものが異なるため,ブリッジSEに求められる技術の内容やレベルも多様である。図表6-7はその1例である[15]。同図から,ブリッジSEの持つ技術の種類・レベルが多岐にわたっていることがうかがえる。なかでも,約3割のブリッジSEが,プロダクト・マネージャー,プロジェクト・マネージャー,システム・アーキテクトといった高度な技術が要求される職種にも就いていたことから,日本人ブリッジSEのうちに,高い技術力を持つ者が存在することが分かった。

図表6-7 現職がブリッジSEである技術者の職歴(組込みソフトウェアの場合)

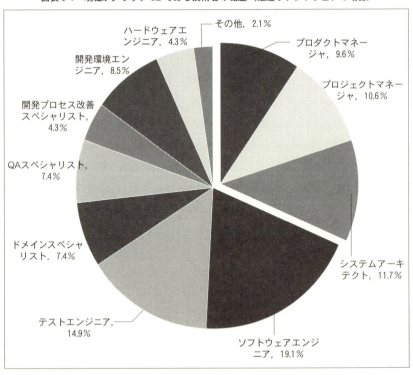

(出所) 情報処理推進機構(2009b)のデータにもとづき筆者作成。

以上の考察をつうじて，日本のオフショア開発においてブリッジ SE は日本とオフショア先の企業を結びつける重要な技術者・管理者であることと，高い技術力をもつ日本人ブリッジ SE が存在していることを確認できた。

(2) 中国ソフトウェア産業にとってブリッジ SE の意義

情報化のニーズが高まる中で，中国のソフトウェア産業が抱えている大きな課題の1つは，情報システム構築能力の貧弱さである。その主因は，ソフトウェア開発の上流工程を担当できる人材の不足にある [16]。ソフトウェア産業の発展には，ピラミッド型人材構造 [17] が最適だと言われているが，今日の中国ソフトウェア産業では，上級と初級の人材が不足しており，中級人材が過剰状態にある。さらに深刻なのは，国内ソフトウェア企業が上級人材の不足を補填できないという課題である。これは，次のような人材供給体制に起因する。

中国ソフトウェア産業の人材育成は，主として大学・公的研究機関，ソフトウェア学院及び職業技術学校，民間の教育訓練機構，各種資格認証プログラムによっておこなわれる。中国ソフトウェア産業の従業員の学歴構成は学部卒レベルが 74％，大学院卒レベルが 10％と比較的高学歴であるものの，ソフトウェア及び関連専攻の大学・大学院卒業生の中で，外資や国内大手企業に採用される人材はごく一部であり，大多数は中小・零細企業によって雇用されている。これら企業の技術蓄積は十分でないため，通常は下流工程しか担当できない。その結果，そこに勤務する技術者は高学歴にもかかわらず，大型案件や上流工程にほとんど参加できないため，上級 SE までに成長するチャンスがない [18]。

こうしたなかで，ブリッジ SE，とくに上級ブリッジ SE は，情報伝達の役割を果たすだけでなく，彼らがもつ高度な業務・製品知識，そして品質維持や納期管理などマネジメントのノウハウもオフショア開発をつうじて中国企業の技術者に移転されうるであろう。一方，中国ソフトウェア企業が国内市場向けの SI ベンダーになるためには，要素技術の蓄積，マーケティングの強化などは必要であるが，これらは R&D やマーケティング・リサーチをつうじて入手可能である。ところが，上述した上流工程に必要な製品・業務知識およびマネジメントのノウハウなどを身につけるためには，中国企業は自社の上級ブリッジ SE を育成し，彼らがオフショア開発をつうじて習得したこういった技術を

国内向け業務に活用することが1つの方法として考えられる。

上流工程におけるブリッジ SE を含む帰国技術者の役割について見てみよう。中国ソフトウェア産業協会（CSIA）の推計によると，2000年現在の中国ソフトウェア産業において，帰国組技術者数が技術者総数の約5％を占めていた。しかも，担当工程（分野）別技術者の出身をみると，図表6-8に示されるように，帰国組が国内研究開発者数の10％，プロジェクト・マネージャー数の20％，システム・アナリスト数の15％に相当し，いずれも5％をはるかに上回っている。このことから，とくに上流工程において帰国組がより大きな役割を果たし始めていることは明らかである[19]。帰国技術者のうちに，ブリッジSEがどれほどいるかについて正確に捉えることは困難であるものの，中国ソフトウェア産業における輸出の約6割が日本向けオフショア開発で占めていることから，ブリッジSEが少なからず存在しているものと思われる。これは，ブリッジSEが中国ソフトウェア産業における上級人材の不足を補填する重要なソースになっていると考えられる。

以上の考察をつうじて，ブリッジSEは，日本企業がおこなうオフショア開

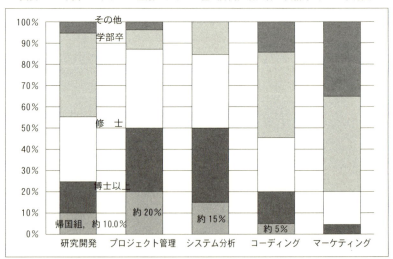

図表 6-8　中国ソフトウェア産業における工程（部門）別人材の供給源（2000年現在）

（出所）　CSIA（2001），109頁。

発において重要な役割を果たすだけでなく，中国ソフトウェア産業の技術進歩にとっても重要であることが明らかになった。

ブリッジ SE は日本のビジネス習慣を理解し，日本の顧客からの仕様変更の要求や品質の要求に応えねばならないため，日本企業での開発経験が必要である。それでは，ブリッジ SE が如何に育成されるのかを，次の項目では NEC 社を事例として見ることにする。そして次節では，中国企業 3 社の事例をつうじて，ブリッジ SE の育成と中国ソフトウェア企業の技術進歩について考察する。

2. 日系企業（NEC）によるブリッジ SE の育成 [20]

（1） 会社概要

NEC の中国進出は，日中国交回復の時期に遡ることができ，最初は主に設備輸出・技術指導などの形をとっていた。1990 年代に入ると，本格的な直接投資がおこなわれるようになった。2007 年末時点で NEC は，中国で半導体，ネットワーク通信，IT ソリューション，ソフトウェア業務などの分野において約 60 社の独資・合弁事業をもっている。

（2） オフショア開発への取り組み

NEC は日本企業の中で最も早く（1994 年）オフショア開発に取り組んだ企業の 1 つであり，現在では最大の発注額を誇っている。同社のオフショア発注額のうち中国が 85％を占めており，海外ソフトウェア開発に必要となる総要員数 5,500 人の中で，4,600 人が中国人技術者である [21]。

オフショア開発のために人材を育成するさいの取り組みは，2 つの面からおこなわれてきた。1 つ目は，評価基準の構築である。NEC は，海外要員は経験年数が伸びても日本の技術者より伸びが緩やかであるという問題が海外現地法人の OJT のあり方に起因すると分析し，ITSS を活用して改善に取り組もうとしているところである。人材評価にあたっては，中国の場合，中国現地法人要員共通のスキル評価基準（中国版 NCP 制度）を構築し，人材育成及び人材処遇との連動を図るようにしている。2 つ目は，e- ラーニングでトレーニングを実施することである。同社は Learning Door サーバーに中国向け e- ラーニングのコンテンツを搭載し，海外要員がイントラネットに接続した PC から受

講できるようにしている。こういった Web 会議をベースとした遠隔教育システムでは，双方向のコミュニケーションが実現されている。

(3) ブリッジ SE の育成

図表 6-9　NEC におけるブリッジ SE の育成

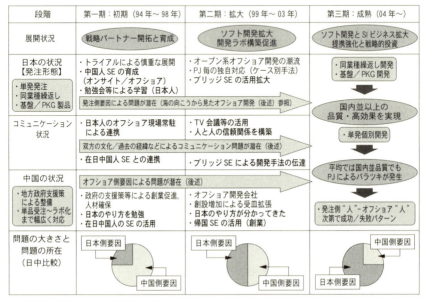

(出所) 羽淵・細川 (2008), 75 頁。

　NEC におけるブリッジ SE の育成は，オフショア開発の展開と密接に関連して次のような 3 段階を経てきた。1994 年から 1998 年までの育成期において，日本人 SE はオフショア開発の現場に常駐し，中国側は日本のやり方を学ぶという形がとられていた。必要なときは在日中国人 SE を活用する。1999 年から 2003 年までのブリッジ SE の活用・オフショア開発の拡大期では，主にテレビ会議などを利用してコミュニケーションをとり，中国での業務については，帰国 SE を活用する。2004 年以降の成熟期では，単発の個別開発でも日本国内並の品質を実現した (図表 6-9 を参照)。2006 年度末時点でのブリッジ SE の人数は約 460 人であり，ソフトウェア技術者の約 1 割に相当する。また，その大半は中国人となっている。ブリッジ SE の育成は基本的に日本の子

会社に企業内転勤させる形でおこなわれる。そして1〜2年間，ブリッジSEとして働くことになる。家族連れの場合には，2〜3年間という形も多く見られる。日本にいる間のブリッジSEの賃金は，日本人並みの水準となる。

2007年以降，ビザの問題も解消され，行き来がかなり自由になったため，現在，ブリッジSEのほとんどが中国人であり，日本人がなる場合はない。

(4) 本事例の小括

まず，オフショア開発において，NECのような高い技術力，そして豊富な開発経験を持つ日系大手多国籍が技術拡散の源となったことが明らかになった。次に，NECにおいて，ブリッジSEは多国籍企業内部での国境を越えた配置・移転をつうじて育成されることが明らかになった。最後に，日本人から中国人技術者へとブリッジSEの役割が移行しているプロセスを明らかにすることができた。

第4節　中国企業におけるブリッジSEの育成

1. 事例研究：中国企業におけるブリッジSEの育成と技術進歩

(1) Neusoft社の事例：合弁相手との提携から自社内の育成へ

Neusoftは，1991年に東北工学院（現在，東北大学と改称）と日本のアルパイン社との合弁で設立された会社である。同社は，1996年に中国初の上場ソフトウェア企業となり，2004年には中国最大のオフショア開発企業となった。そして，今や年間売上高600億円，従業員1万7,000人（2009年度末）を擁する中国最大手ソフトウェア・ベンダーである。主要業務は，①中国市場向けの業種別及び製品別エンジニアリング・ソリューション，②海外メーカー向け及び自社ブランドでのデジタル医療機器用組込ソフトウェアの開発，③ITコンサルティング，アプリケーション開発・保守・IT教育・BPOという3つの分野に及んでおり，ISO9001，CMMI5，CEなどの認証を取得している[22]。

Neusoftは，1989年に日本向けオフショア開発を開始した。当初，アルパイン社はNeusoftの創業者が持つソフトウェア開発の能力を認め，彼らに開発を

138　第Ⅱ部　「技術者による技術移転」に基づく競争優位

委託した。アルパイン社は，彼らに必要なビジネス及び製品関連的知識を教えた。1990 年代半ばになると，アルパイン社は将来の機器開発におけるソフトウェアの比重がさらに高まるものと予測し，1996 年に初めて主力製品のカー・オーディオのソフトウェア開発を Neusoft に委託した。Neusoft は，1998 年に10 人の技術者からなるアルパイン向け専属チームを設置し，カー・オーディオのソフトウェア開発の受託を本格化させた。この専属チームの人数は，2004 年は 180 人であったが，2007 年には 250 人までに増員した。

　1996 年から 2000 年前後までは，Neusoft がオフショア開発をつうじて品質管理，組込ソフト開発技術および業務知識を吸収・蓄積した時期である。この時期における Neusoft の技術発展は，図表 6-10 の示めしたとおりである。2004 年になると，Neusoft はアルパインとともに，中国に進出する日系自動車メーカーにカーナビの納入を開始した。それは，中国の企業（技術者）がソフトウェア開発から最終組立てまで手がけた初めてのカーナビである [23]。現在，Neusoft における「車載関連システム」の業務は，カーナビを開発した際，Neusoft から技術を吸収し，さらに社内 R&D 等をおこなった結果，構築されているものと考えられる。

図表 6-10　オフショア開発におけるアルパイン（日本）と Neusoft の工程間分業の推移

担当側 ＼ 工程		システム構想設計	ソフトウェア基本設計	ソフトウェア詳細設計	コーディング	単体・結合テスト	1次/2次試作品のテスト	量産試作品のテスト
アルパイン		○	進捗状況の把握および管理					○
Neusoft	2000年	1～2人が参画	○	○	○	○	○	
	1998年			○	○	○		
	1996年				○	○		

（出所）　日経エレクトロニクス（2004），116 頁にもとづき筆者作成。

　2001 年に Neusoft は，日本支社を設立するまでに至った。現在，Neusoft 日本の組込ソフト開発部門のブリッジ SE は，ソフトウェア開発の全工程まで対応できるようになっている。

　1995 年までは，アルパイン社が未だにオフショア開発体制を構築していな

かった時期であった。そこで，Neusoft の技術者たちが中国で開発をおこない，必要な時だけ日本に短期出張し，オンサイト開発をおこなうのが一般的なやり方であった。アルパイン社と Neusoft がカーナビの共同開発をおこなった時（1994 年）に，アルパイン社にもブリッジ SE がいなかったため，現場の日中技術者の間では英語と漢字を使用したコミュニケーションがおこなわれた。

Neusoft は事業拡大に伴う人材の増大に対応するために，東北大学の在校生にソフトウェア開発の技術を学ばせて，卒業後に入社させる「ソフトウェア強化クラス」を設けた。クラスのメンバーが，日本のアルパイン社でのオンサイト開発を経てブリッジ SE になるのが一般的であった。図表 6-10 に見るように，アルパインは Neusoft の技術者 1 ～ 2 人を日本でのシステム構想設計にも参加させていた。そして 2001 年以降，日本支社の設置によって，Neusoft 社内でのブリッジ SE の育成ができるようになった。

Neusoft は，大連，南海，成都に情報技術学院を設置している。3 校の学生数は 2 万人を超えている（2007 年）。情報技術学院は，まず学部の設置からカリキュラムの設計まで実用化を徹底した。さらには，実務経験者を IT 技術の教育に従事させた。最後に，インテル，HP，パナソニックなど日米企業との提携をつうじて，実態に近い形の開発環境を学生に提供した。こうしたカリキュラムにより，実用的な人材を輩出している。また，情報技術学院の中の日本語学部は，日本向けオフショア開発人材の育成に特化している。

情報技術学院段階での人材がブリッジ SE になるまでのプロセスは，次のとおりである。まず，企業は自社や他の教育訓練機関を卒業した優秀な人材を入社させる。次に，日本語・文化・商習慣・ソフトウェア開発技術の勉強と現場のシミュレーションを経験した新入社員をオフショア開発に参加させ，なかでも，個人の意欲・能力の面でブリッジ SE の仕事に相応しい者をオンサイト開発（あるいは関連業務）に派遣する。そして最後に，一部の技術者がブリッジ SE として育成されるのである。

(2) Hisoft 社の事例：ブリッジ SE の社内育成

Hisoft は，1996 年に設立され，現在，中国国内では北京，大連，深圳，上海，香港に拠点を置くとともに，海外では東京，大阪，アトランタ，ニューヨークに在外法人を設立している。同社の従業員数は 1,800 人で，そのうち大

連には900人程度が在籍し，生産管理，金融，物流などホスト系，オープン系のシステム開発を担当している。売上高の約75%は日本向けオフショア開発の収入であり，中国国内市場向け業務は10%程度である。2006年にはアウトソーシング部門で中国2位になっている。

1996年，大連海運学院コンピュータ学部の教師李遠明氏は，川崎重工業で5年間働いた後，大連に戻ってHisoftを設立した。最初の業務は，川崎重工業（南通）が発注した原価計算システムの開発であった。それ以降，Hisoftは日本企業とのつながりを基に日本向けオフショア開発を展開していった。

1998年に，Hisoftは日本IBMの持ち株会社であるJBCC社との共同出資で日本子会社JBDKを設立した。2002年にHisoftは，日本法人DMKジャパンを東京と大阪に設立した。そして翌年には，CMMレベル5認証に合格している。

Hisoftは従業員の日本語学習を奨励している。当社はプロジェクト・マネジャー全員に対して日本語能力試験1級のレベルを求めている。社内では，日本語検定に合格することを雇用の条件としており，新卒者は6ヶ月以内に3級に合格しなければならない。6ヶ月を越えれば減給となり，1年以内に取得できなければ解雇されることになる。

オフショア開発を発注する日本企業とHisoft社の間には，ブリッジSEが置かれている。この役割を担う人材については，日本でのSE経験者を採用してこの仕事を担当させるケース（10%）と，Hisoftで育成するケース（90%）がある。2007年現在では，同社の100人規模のブリッジSE全員が中国人であり，主に社内で育成された。

HisoftはOJTで人材を育成する以外に，人事部が独自で人材教育センターを設けている。そこでは，大卒者を対象にソフトウェア開発技術，言語教育，模擬プロジェクト開発教育もおこなっている。そこから，2006年には270名の研修生が卒業（就職率97.3%）し，そのうち50名程度が日本企業に採用されている。2005年以降，社内のトレーニング機構としてHisoft学院が設立され，北京大学などと提携しているようである。Hisoft学院では，中級・上級人材の育成を目標とした取り組みがおこなわれてきたのである。

(3) DHC/DHEE社の事例：社会向けトレーニングと社内育成

DHC は，1996 年に日本でのソフトウェア開発経験を持つ 7 人の技術者によって創立された。2007 年現在の従業員数は 2,360 人であり，そのうち約 2 割が海外留学や仕事の経験を持っている。同社は， ISO9001 認証（1998 年）と CMM5 認証（2004 年）を取得し，そして 2003 年から中国ソフトウェア企業売上高上位 100 社にランクインされるようになり（93 位），2008 年になると 48 位に上った。DHC の 2008 年現在の業務収入は，日本向けオフショア開発が約 8 割で，残り 2 割はテレコム，電力，保険，政府，ERP などソリューションを主とした国内市場向け業務である。DHEE（大連華信計算機新技術培訓中心）は，DHC の教育系子会社であり，2003 年に日立システム社との提携で設立された。DHEE は，DHC をはじめとするソフトウェア企業向けに人材を輩出することを目的とした教育機関である。

DHC の事業は，3 人の技術者が NTT データでオンサイト開発をおこなうことから始まった。この開発で信頼を得たため，DHC はその後も NTT データから受注し続けた。そして，後になって DHC は，NTT データの推薦で NEC からも受注できるようになった。

オフショア開発をおこなう際，1 つの開発チームが多数の発注側に対応する体制をとるのは一般的であったが，DHC は NEC 向けの受託開発をきっかけに，新しい開発体制を考案した。それは「オフショア顧客専門センター型」という開発体系[24] である。DHC は 1998 年に社内で「NEC 公衆システム大連専属開発センター」を設置し，30 名の技術者をそこに配属した。その後，チームの規模は業務量が増大するにつれて拡大し，2008 年には 680 人までに拡大している。こうした取組をつうじて，DHC と NEC の関係は，単発的な取引から戦略的提携をおこなうまでになっていった。NEC にとって，専属開発センターの存在は，オフショア開発先が確保されていることを意味する。これに対して DHC にとっては，NEC のマネジメントノウハウや技術・業務経験を吸収する絶好のチャンスであった。その結果，DHC の担当できる工程は，当初のコーディング・単体テストといった単純な作業から，現在の概要設計さらには結合テストまでにわたる，ほぼ全工程を賄うまでに拡大することができた[25]。また，DHC の国内市場向け業務の内容を見ると，オフショア開発をつうじて蓄積した技術が生かされていると思われる。こうした技術移転は，ブ

142　第Ⅱ部　「技術者による技術移転」に基づく競争優位

リッジSEを介さねば得られないものであり，また，ブリッジSEを含む多く
の管理者・技術者がこのプロセスで育成されたのである[26]。

　現在では，DHCはNEC向けのみならず，日立，NTTデータ，NTTソフ
トなど日本企業ひいてはGEなど欧米企業向けの専属開発センターをも持つよ
うになっている。これと同時に，NECもこの経験を生かし，中国ではDHC
以外の十数社と提携して，NEC公衆システム大連専属開発センターに類似し
たものを設置している[27]。

　DHCが日本向けオフショアで成長・拡大を遂げ，全国的に有名なソフト
ウェア企業になるにつれて，DHEE入学を目指す学生は，中国の各地から集
まってくるようになっている。また，DHEEの学生のうち多くの人は，日本
でのオンサイト開発をキャリア形成の一環とみて，日本で働くことに関心を
持っている。

　図表6-11から，DHEEの教育訓練はICT技術のみならず，日本向け開発に
特化していることが分かる。また，DHEEは講師に教育と開発の実務経験を
求めている。学生による講義への評価も実施されている。

　本事例で解明した教育・トレーニングは，ブリッジSE育成の一環として捉

図表6-11　DHEEにおけるトレーニング内容の一覧

募集対象	短大卒レベルの優れた者および学部卒レベル以上の者。コンピュータ関連専攻や日本語の基礎知識・能力があればなお可。		
トレーニング内容	日本向けソフトウェア開発技術	OSの実用的配置	
		ドット・ネット（.NET）コース	C#.Net
			Asp.Net
			Ado.Net
	日本向けソフトウェア開発業務スキル	開発方法論	
		開発プロセス	
		ドキュメンテーション	
	IT日本語	初級コース	
		上級コース	
実　　践	DHCと日立との共同開発したシミュレーション・システムを使って実戦感覚で学ぶことができるため，コースを通して半年分に相当する実務経験が取得できる。		
進　　路	合格者全員をソフトウェア・エンジニアとしてDHC或いは他のIT企業に推薦する。		

（出所）　同社の資料にもとづき筆者作成。

えられる。たとえば，Hisoft 社は DHEE の優秀卒業生を採用している。入社以後ブリッジ SE になるまでの OJT などは，Hisoft 社内でおこなわれるのである。

2. 事例のまとめ
(1)　日系多国籍企業の役割
　NEC の事例では，現地人ブリッジ SE や管理者が本社と海外子会社間の社内研修，OJT，出張業務など企業内移動により育成されることが明らかになった。これは，多国籍企業内の技術移転であるが，NEC は DHC など中国現地企業に開発を委託することをつうじて，技術習得のチャンスをもたらすことが本節の事例で分かった。つまり，日系多国籍企業の技術伝播の源としての役割が事例で確認できた。

(2)　中国企業におけるブリッジ SE の育成と技術移転
　Neusoft など中国現地企業 3 社においては，ブリッジ SE 育成の方法はそれぞれ異なるが，次の 2 つの面で共通点がある。まず，3 社は一定の発展段階に入ると，日本で海外子会社を設置し，在日子会社をブリッジ SE 育成の拠点として活用することに共通している。従来，ブリッジ SE を育成するのは日系多国籍企業であったが，それ以降，中国企業内においてもブリッジ SE の育成が可能となった。これは，中国企業にとって大きな技術進歩であることは明らかであろう。

　次に，ブリッジ SE の育成は，1 企業内に閉ざされたものではなく，企業の境界を越えて連動する人材育成プロセスとして捉えられる。その流れは次のとおりである。まず，DHEE，Neusoft 情報技術学院など教育機関が社会向けに学生を募集し，トレーニングをおこなう。次に，そこから輩出された学生が企業に入社し，入社後，企業内でトレーニングの一環として OJT などを受け，優秀者が選出され，オンサイト開発先や日本支社に派遣される。その後，彼らは日本でオンサイト開発経験を積んで帰国し，ブリッジ SE として活躍するのである。

　最後に，オフショア開発に取り組む中国企業は，関連の分野において，国内向けの業務も展開していることが明らかになった。このことから，ブリッジ

SE をつうじて移転された技術が転用・活用されているものと思われる。

第5節　おわりに

　本章の考察をつうじて，次のようなことが解明された。まず，日本のオフショア開発は，受託側である中国企業に知識・技術の移転をもたらし，中国ソフトウェア産業の技術発展に寄与してきた。次に，オフショア開発の上流工程にも参入できる中国ソフトウェア企業におけるブリッジ SE の育成プロセスが明らかにされた。最後に，これらの中国企業の一部は，オフショア開発で取り組んだ業務と関連する分野において，国内向けの業務も展開していることが明らかになった。このことから，ブリッジ SE をつうじて移転された技術が転用・活用されているものと思われる。

〈注〉
1　中華人民共和国工業和信息化部の記事「2010 年全国軟件業務収入達到 1.3 万億元」(http://www.
　　miit.gov.cn/n11293472/n11293832/n11294132/n12858477/13583251.html　アクセス：2012 年 6 月 9
　　日）による。
2　総務省（2007），1 頁。
3　ソフトウェア産業研究会（2005），131-132 頁。
4　山田（2009），12 頁。
5　ITSS（IT スキル基準）は，経済産業省が定めた，個人の IT 関連能力を職種や専門分野ごとに明
　　確化・体系化した指標である。
6　山田，前掲書，12-15 頁。
7　佐藤（2006），16-23 頁。
8　S-open オフショア開発研究会（2004），28-30 頁。
9　許（2006），1-2 頁。
10　CMM 認証は米国のカネギー・メロン大学により開発された，世界的に認められているソフト
　　ウェア開発能力の成熟度を評価するシステムである。CMM5 はその最高レベルである。
11　国内向け業務内容とオフショア開発の関連性については，第 4 節の事例で検証する。
12　NEC Business Solution（2004），2-3 頁。
13　夏目（2010），22 頁。
14　梅澤（2007），4 頁。
15　情報処理推進機構（IPA）は経済産業省の委託を受け，日本の組込みソフトウェア開発に係る全
　　ての企業・個人等を対象として，2003 年度より毎年調査をおこなっている。そのなかの技術者個
　　人向け調査は，日本国内の技術者個人のソフトウェア開発・関連業務におけるスキルや動機付け等
　　の意識調査である。図表 6-7 は，2008 年に実施された，日本の組込ソフトウェア技術者 770 人に
　　対するキャリア調査のデータにもとづいて作成されている。

第 6 章　オフショア開発による日本から中国への技術移転　*145*

16　CSIA（2008），71-75 頁。

17　ピラミッド型人材構造とは，システム・アーキテクト，システム・アナリスト，上級プロジェクト・マネージャーなど上級人材は最も少人数でトップにあり，エンジニア等中級人材は真中にあり，人数で最も多い初級人材であるプログラマーはボトムにあるというピラミッドのような構造のことである。

18　同注 16

19　CSIA（2001），108-109 頁。

20　本事例は主として羽淵貴司・細川孝（2008）および NEC 社のホームページ，アニュアル・レポートの記載にもとづいて構成している。

21　2007 年現在のデータ。

22　同社の HP およびアニュアル・レポートの記述により筆者整理。

23　杏澤（2007），211 頁。

24　この開発モデルについて，詳しくは，S-open オフショア開発研究会（2004），21-23 頁を参照。

25　彭（2008）。

26　この点について，彭（2008）は次のように記述している。「（DHC は）専属開発センターの運営（つまり NEC との協力）をつうじて，数多くの技術者・マネジメント幹部を育成した。そして，これらの人材は自分の蓄積した経験をもっと多くの従業員に伝授し拡散させた。これは，ある程度 DHC の国内業務の成長にともなう人材不足を解消した」。

27　同注 25。

〈参考文献〉

NEC Business Solution（2004）「オフショア開発とブリッジ SE」（https://www.blwisdom.com/vp/pdf/word/itv_offs.pdf）。

杏澤虔太郎（2007）『日中合作－中国 No.1 ソフト企業誕生の物語』小学館スクウェア。

高橋美多（2009）「中国ソフトウェア産業の技術発展―日中企業間の分業形態の変化に即して」『アジア研究』Vol.55,No.1,January 2009。

ガートナージャパン広報室（2010）「日本企業によるオフショアリング金額規模，2009 年は 3,5 億円に」http://www.gartner.co.jp/press/html/pr20100531-01.html［アクセス：2010 年 7 月 6 日］。

IPA（2009）「IT 人材市場動向調査 調査報告概要版 No.4」http://www.ipa.go.jp/about/press/20090410.html（アクセス：2010 年 7 月 14 日）。

日経エレクトロニクス（2004）「ソフトウェア世界分業体制：アルパインの例」NIKKEI ELECTRONICS 2004 年 11 月 22 日 115-117 頁。

株式会社ミック経済研究所（2006）『中国ソフトウェア・サービス企業年鑑 2005 年度版』。

今野浩一郎・佐藤博樹（1000）『ソフトウェア産業と経営』東洋経済新報社。

JSIA（2008）『情報サービス産業白書 2008』日経 BP 出版社。

株式会社ミック経済研究所（2006）『中国ソフトウェア・サービス企業年鑑 2005 年度版』。

Mint（2008）『図解でわかるソフトウェア開発のすべて』日本実業出版。

ソフトウエア海外調査研究会（2005）『中国オフショア開発ガイド』CA コンピュータ・エージ社。

野口隆史（2008）『オフショア開発 PRESS』技術評論社。

羽淵貴司・細川孝（2008）「NEC のオフショア開発」『龍谷大学経営学論集』第 48 巻第 1 号（2008 年 6 月），66-79 頁。

許海珠（2006）「中国の日本向けオフショア開発」国士舘大学政経学会編『政経論叢』2006 年第 3・4 号（通号第 137・138 号，1-20 頁。

許海珠（2008）「中国のソフトウェア産業における人材育成」国士舘大学政経学会編『政経論叢』

2006 年第 1 号（通号第 143 号），1-36 頁。

マイケル・A・クスマノ著，藤井留美訳（1993）『日本のソフトウェア戦略』三田出版会。

マイケル・A・クスマノ著，サイコム・インターナショナル監訳（2004）『ソフトウェア企業の競争戦略』ダイヤモンド社。

社団法人情報サービス産業協会（JISA，2008）『2005 年版情報サービス産業基本統計調査』。

幸地司（2005）「中国人ブリッジ SE の意外な落とし穴」（http://www.atmarkit.co.jp/fbiz/cstaff/serial/offshore/14/01.html）。

村上誠（2009）「開発管理の最適化による製造工程オフショア開発における品質保証」*Journal of the Society of Project Management*, Vol.11, No.5, 2009, 3-8 頁。

S-open オフショア開発研究会（2004）『ソフトウェア開発オフショアリング完全ガイド』日経 BP 社。

夏目啓二（2006）「グローバリゼーションとオフショア・アウトソーシング」龍谷大学『社会科学研究年報』第 37 巻（2006），1-16 頁。

総務省（2007）『オフショアリングの進展とその影響に関する調査研究・報告書』。

長谷川俊明（1993）『日米パテント・ウォー』弘文堂。

佐藤博子（2006）『IT サービス』日本経済新聞社。

ソフトウェア産業研究会（2005）『ソフトウェアビジネスの競争力』中央経済社。

日本規格協会（2004）『JIS ハンドブック 2004 年度版・64・情報基本』財団法人日本規格協会。

彭会安（2008）「大連華信推行軟件服務外包「中心模式」獲業界認可」『中国高新技術産業導報』2008 年 5 月 16 日，C02 面。

呉宗鶴（2007）「東軟集団軟件外包業務発展策略研究」The Research of Neusoft Group's Software Outsourcing Business Development Strategy　CNKI:CDMD:2.2007.053553

中国信息産業部・中国軟件行業協会（CSIA）編『中国軟件産業発展研究報告』（2001 年度〜2008 年度版）。

中華人民和国商務部（2007）『中国軟件出口（ソフトウェア輸出）発展報告 2007』。

第7章

R&D のグローバル化と中国への技術移転

第1節　はじめに

　ICT 産業において，中国は世界最大の ICT 機器の生産拠点，そして重要な情報通信サービスの市場になっているものの，中国企業の技術能力が未だに低いということは，既述したとおりである。こうした中で，中国の産業政策の策定者と企業の経営者が直面している大きな課題の 1 つは，企業の技術能力，なかでも研究開発力を如何に高めていくかである。

　実際にも，中国政府は，1950 年代半ばに旧ソ連技術を導入してコンピュータの開発を開始し，それ以降，60 年代の「自力更生」路線，70 年代初頭の海外技術導入の再開，1980 年代半ばに始まった科学研究・技術開発システムの改革，90 年代初頭からの本格的な外資導入，そして近年における産業集積形成の促進政策や R&D 投資の増大などをつうじて，自主開発能力の形成を図ってきた。これら取り組みの結果として，中国は外資企業の技術を導入しながら「世界の工場」を支える生産能力を持つようになった。しかしながら，ICT 産業の状況に見られるように，中国企業は依然として技術革新の主力にはなっておらず，技術上の自立が未だにできていない。

　このような背景の下で，中国政府は多国籍企業の中国における R&D 活動を，海外の先進技術を吸収して開発能力を高め，先進国への技術依存から脱却するための好機と見て，それの誘致に精力的に取り組んできた。1990 年代半ばから大手 ICT 多国籍企業が，中国での研究開発を R&D のグローバル化の一環としておこないはじめ，そして 2000 年代の中頃に入ると中国は，多国籍企業の途上国における最大の海外 R&D 拠点となった。ところが，多国籍企業の技術に対する強い支配力のために，先進国から途上国への技術移転はそのス

ピルオーバー効果しか期待できない状況にある。この限られた技術移転と言われているスピルオーバー効果のなかでも，R&D に従事する技術者の現地への移動を通じた技術移転は，重要な技術移転のチャンネルとなっていると思われる。これを明らかにすることが，本章の課題である。

　本章の構成は次のとおりである。まず，第2節では，多国籍企業による海外R&D の国際化からグローバル化へという段階的発展とその特徴を概観する。すなわち，R&D のグローバル化において，中国は多国籍企業の途上国における最大の海外 R&D 拠点の地位にあり，中国進出の最大の動機は大量且つ安価な人材の獲得であることと，多国籍企業の中国における R&D 活動は，現地生産の技術支援や製品のローカル化など比較的単純な開発[1]が主流であるが，少数ではあるが，基礎研究やグローバル市場向け製品開発など比較的高度な研究開発をおこなっている企業も存在していることを明らかにする。次に，第3節では，中国で進行してきた R&D のグローバル化は，中国政府と企業が期待するような技術移転をもたらすことができるかどうかを論考する。最後に，第4節では，マイクロソフト社の中国 R&D 拠点を主要な事例に取り上げ，その上にインテル，グーグルなど数社を加えて，これら ICT 多国籍企業の中国 R&D 拠点においては，多様な研究開発がなされており，またその担い手は中国人技術者たちであることと，こうした技術者の中国現地への移動による技術移転がすでに起きていることを明らかにする。

第2節　R&D のグローバル化の現段階と中国

1. R&D のグローバル化に至るまでの発展

(1)　R&D の定義とその主役

　R&D（Research and Development, 研究開発）とは，「人・文化・社会の知識ならびに新たな適用を引き出すための，知識ストックの利用も含む，知識の蓄積を増大するために組織的に（systematically）おこなわれる創造的な仕事」である[2]。また，R&D は，ある分野におけるより包括的な知識や理解を得るための，明確なそして即時の商業目的を持たない基礎研究（Basic research）

と，製品・プロセス・サービスに関する新知識の発見を目的とする，明確な商業目的をもつ応用研究（Applied research），そして，有用な機材・デバイス・システムや方法の産出を目的とする研究から得た知識と理解（knowledge and understanding）の体系的な応用である開発（Development，試作品やプロセスの設計・開発はそれに該当する）という3種類の活動からなる[3]。

R&D は技術革新を促進し，その成果を新しい製品技術あるいは生産技術に導く，企業の重要な活動である。世界の R&D 活動を支配しているのが技術的優位に立つ大手多国籍企業群である[4]。

(2) R&D の国際化からグローバル化へ

多国籍企業による海外での R&D 投資は，1980 年代末までの先進国間相互投資を特徴とする国際化の段階と，それ以降の開発途上国も含むより多くの国々へと広がることを特徴とするグローバル化の段階，という2つの段階を経てきた。Casson & Singh によれば，R&D の国際化の段階では，海外 R&D 拠点が企業の研究開発活動において小さなそして通常従属的な役割しか割り当てられない。その主要動機は海外生産と海外販売への支援である。これに対して R&D のグローバル化の段階は，海外での R&D が他国に立地する研究開発拠点の間の体系的な（systematic）分業にもとづいて，より大きな責任を負う段階である[5]。本章では，Casson & Singh の意味で R&D の国際化とグローバル化の概念を捉える[6]。

こうした捉え方と一致するのが，ローンシュタット（Ronstadt, R.）によって開発された次のような分類法である。彼は多国籍企業の海外 R&D 拠点をその機能により次の4種類に分類している。第1種類は，技術移転を目的とする技術移転ユニット（Technology Transfer Units，以下 TTU と略す）である。これは，技術問題に対処するための海外 R&D 拠点である。第2種類は，現地適応技術単位（Indigenous Technology Units，以下 ITU と略す）である。これは，ローカル市場に適応するための製品開発をおこなう拠点である。第3種類は，グローバル・テクノロジー・ユニット（Global Technology Units，以下 GTU と略す）である。これは，グローバル市場向け製品やサービス技術の研究開発を遂行する拠点である。第4種類は，コーポレート・テクノロジー・ユニット（Corporate Technology Units，以下 CTU と略す）である。これ

150   第Ⅱ部　「技術者による技術移転」に基づく競争優位

は，海外の優れた科学技術者をリクルートするために彼らの近くに設置される
R&D 拠点である。これら 4 種類の海外 R&D 拠点における研究開発活動の類
型，期間，ターゲット市場，そして全社戦略における位置づけについては，図
表 7-1 のようにまとめることができる。

図表 7-1　多国籍企業海外 R&D 拠点の分類と特徴

海外 R&D 拠点の種類	R&D 活動の類型	R&D 活動の期間	ターゲット市場	位置づけ
TTU	開発型	短期	ローカル	戦術的
ITU	開発型	中・短期	ローカル	戦術的
GTU	開発型，研究型	中・長期	グローバル	戦略的
CTU	研究型	長期	グローバル	戦略的

（出所）　Prasada Reddy（2000），pp.54-55 と，杜など（2009），43 頁より筆者作成。

　基礎研究を含む R&D の国際化は，最近の出来事ではなく，その一部は海外
直接投資がおこなわれた当初に遡ることができる[7]。そして，海外での R&D
投資が先進国間で盛んにおこなわれるようになったのは，1970 年代から 1980
年代初頭にかけてであり，その手法としては，企業の合併・買収（M&A）を
つうじてなされていた。R&D 活動の内容は主に，現地適応型製品・プロセス
開発ならびに現地市場向けの製品開発であった[8]。
　1980 年代に入ると，多国籍企業の海外 R&D 活動の範囲と性質に大きな変化
が生じた。多国籍企業の先進国に立地する R&D 拠点において，現地市場とグ
ローバル市場向けの製品開発および包括的技術の研究がおこなわれるように
なったのである[9]。そして，1980 年代末の東西冷戦の終結が R&D を含むグ
ローバリゼーションの進展を加速させ，1990 年代に入ると，これまで主に先
進国間に限られて展開されていた R&D 活動が，開発途上国も含めるように
なった。つまり，R&D の国際化が R&D のグローバル化という新しい局面に
入った。

2.　R&D のグローバル化と中国

（1）　R&D のグローバル化の現段階

　大手多国籍企業が世界の R&D 活動を支配していることは，前述したとおり

第 7 章　R&D のグローバル化と中国への技術移転　*151*

である。こうしたなかでも，アメリカ多国籍企業の存在感が非常に強いもので
あるため[10]，ここでは，アメリカ多国籍企業の海外 R&D の現状をつうじて，
R&D のグローバル化の現段階を確認しよう。

　図表 7-2 には，アメリカ多国籍企業の多数株所有海外子会社による海外
R&D の支出額が示されている。この表によると，2002 年における海外 R&D
の総支出額のうち，EU が 58.8%，カナダが 11.1%，日本が 6.8% と，先進国
は合計で 8 割以上を占めている。先進国が依然として R&D グローバル化の主

図表 7-2　アメリカ多国籍企業の多数株所有海外子会社の R&D の支出：1994-2002 年

(単位：億ドル，%)

地域	年									総支出における割合（%）	
	1994	1995	1996	1997	1998	1999	2000	2001	2002	1994	2002
I 先進国	109.75	118.91	131.52	135.1	135.45	161.13	177.91	167.2	178.44	92.4	84.4
EU	82.71	88.52	93.86	96.91	100.58	119	124.72	115.78	(a)	69.6	58.8
日本	11.3	12.86	13.33	10.89	9.62	15.23	16.3	15.07	14.33	9.5	6.8
カナダ	8.36	10.68	15.63	18.23	17.5	16.81	23.32	21.31	23.45	7	11.1
スイス	1.91	2.42	1.9	2.3	2.23	2.31	2.86	3.92	4.05	1.6	1.9
イスラエル	0.96	0.97	1.69	2.08	1.41	3.89	6.3	7.26	8.89	0.8	4.2
オーストラリア	2.3	2.87	4.09	3.69	2.9	2.94	3.49	2.86	3.29	1.9	1.6
II 途上国	9.02	6.91	8.86	10.82	11.19	20.31	26.37	29.82	28.55	7.6	13.5
1)アジア	4.08	2.83	3.18	3.93	3.36	14	19.49	23.91	21.13	3.4	10
中国	0.07	0.13	0.25	0.35	0.52	3.19	5.06	(a)	6.46	0.1	3.1
シンガポール	1.67	0.63	0.88	0.73	0.62	4.26	5.51	7.55	5.89	1.4	2.8
韓国	0.17	0.29	0.34	0.41	0.29	1.01	1.43	1.57	1.67	0.1	0.8
台湾	1.1	0.61	0.75	0.84	0.55	1.22	1.43	1.39	0.7	0.9	0.3
インド	0.05	0.05	0.09	0.22	0.23	0.2	(a)	(a)	0.8	(a)	0.4
2)LA, カリブ海地域	4.77	3.89	5.46	6.63	7.48	6.13	6.63	5.62	(a)	4	3.2
ブラジル	2.38	2.49	3.46	4.37	4.46	2.88	2.53	1.99	3.06	2	1.4
メキシコ	1.83	0.58	1.21	1.26	1.91	2.38	3.03	2.48	2.84	1.5	1.3
3)西アジア・アフリカ	0.3	0.38	0.42	0.52	0.7	0.36	0.5	0.58	(a)	0.2	(a)
4)移行国	0.05	0.18	0.36	0.48	0.79	0.54	0.83	0.38	0.68	(a)	0.3
合計	118.77	125.82	140.39	145.93	146.64	181.44	204.57	197.02	211.51	100	100

注：(a) は公表不可。EU は 1994 年には 12 ヶ国，1995 年以降は 15 ヶ国。
(出所)　UNCTAD (2005), p.129 より作成。

役を演じていることは明白である。ところが，1994年から2002年にかけての推移を見ると，R&D投資の発展途上国への移転は加速していることも明らかである。

こうしたなかでも，中国へのR&D投資金額は，注目に値するものである。1994年における中国へのR&D投資は，アメリカ多国籍企業の海外R&D投資総額の0.1％に過ぎず，コロンビアやサハラ以南のアフリカ諸国と同じレベルであったが，2002年になると，3.1％を占めるようになった。これと同時に，アジア発展途上国全体の比率としても，3.4％から10％へと急速に拡大してきた。

(2) R&Dのグローバル化の現段階における中国

1990年代の中頃，ノーテル・ネットワークス社，IBM社，マイクロソフト社など大手ICT多国籍企業が先駆となって中国へのR&D投資をおこない始めた[11]。そして，2000年代に入ると，中国において多国籍企業のR&D投資ブームが起き，その投資部門もICT産業を超えて，自動車・バイオ・製薬など産業分野まで拡大していった。中国で研究開発を積極的におこなうのは北米，日本，ヨーロッパそして韓国など諸国の企業であり，中国におけるR&D機関数は1997年の20未満から，2005年時点では750，2007年6月末時点では1,200を超えるようになった。投資金額も2000年の約100億人民元から2004年の約300億人民元に，年平均27.6％の成長率で拡大している[12]。中国に進出している多国籍企業上位500社のR&D機関数を産業別に見ると，情報関連・通信設備産業が全体の54％を占めており，多国籍企業R&D投資の最大の産業部門となっている。

多国籍企業が中国でR&D投資をおこなう主要な動機は何であるかを探ってみると，彼らは，主に世界の巨大マーケットになりつつある中国市場でのシェア率拡大とそれを狙った生産・開発の現地化，中国政府の減税などの優遇，中国政府からの要請，通信規格の制定など現地産業基準作りへの参加，安価な現地人材の利用による低コスト化などの動機で中国へのR&D投資を展開してきたことが明らかになった[13]。

ところが，昨今OECD諸国をはじめ，グローバル範囲における人材不足が生じると，各国の政府は人材を誘致するために，産業再編，人材国際移動への

奨励など様々な措置を講じるようになった。このようなグローバル範囲での人材不足と時を同じくして，中国は，近年における高等教育の規模拡大とR&Dへの重視により，図表7-3に示されているように，いわゆる人材大国になっている。こうした中で，多国籍企業にとって，大量且つ安価な人材の獲得が，中国でR&D投資をおこなう最大の動機となったのである[14]。

図表7-3　R&Dに従事する技術者関連状況の国際比較

国家	年	R&D人員 （万人年）	2000年 以降の人員 成長率（%）	2008年1人あたり R&D経費 （万米ドル／人年）	労働者10000 における R&D人員数	R&D総金額 （億米ドル）
中国	2008	196.5	9.5	3.4	24.8	668.1
日本	2006	93.5	0.7	18.9	140.5	1,767.2
ロシア	2007	91.2	(1.4)	2.0	121.5	182.4
ドイツ	2007	49.8	0.4	18.8	119.5	936.2
フランス	2006	36.4	1.8	15.3	132.0	556.9
イギリス	2006	33.5	1.9	14.3	111.8	479.1
韓国	2006	23.8	9.5	13.5	99.1	321.3
カナダ	2005	21.4	5.0	11.5	122.9	246.1
イタリア	2006	19.2	4.2	12.5	77.9	240.0
オーストラリア	2006	12.6	4.7	16.7	116.8	210.4

（出所）　OECD. Main Science and Technology Indicators，2009-1.

　ただし，1人あたりのR&D経費を見ると，中国のR&D投資は未だに低水準にある（図表7-3の「1人あたりR&D経費」を参照）。また，技術者の質の面においても，中国と先進国との間に大きなギャップが存在している。OECDによると，2005年のリサーチャー千人ごとのパテント申請数では，中国はわずか3.3件であるのに対し，最上位のスイスは76.8件であり，中国を大きく上回っている[15]。

　以上の進出動機と関連して，多国籍企業の中国におけるR&D活動の特徴としては，次の4点があげられる。第1点目は，多国籍企業は，主に中国の大学や研究機関など人材・知識集約的な機関と提携を結ぶ，ということである。第2点目は，多国籍企業の中国R&D機関の8割以上が外資の独立出資であり，中国企業と合作・合弁事業を興すことが少ない，ということである。第3点目

は，R&D の諸類型のなかで，現地生産への技術支援と中国市場向けの製品の
ローカル化など比較的単純な開発が主流である，ということである。すなわ
ち，大多数の多国籍企業の中国における R&D 拠点が基礎研究や本格的な製品
開発をおこなっておらず，その機能は図表 7-1 に示されている TTU と ITU
の段階に留まっている。第 4 点目は，しかしながら，こうした中でも，図表
7-4 に示されるように，グローバル市場向けの製品開発や基礎研究も含むより
多様な R&D 活動を中国でおこなっている多国籍企業が現れ始め，そして徐々

図表 7-4　中国で比較的高度な R&D 活動をおこなっている ICT 多国籍企業

企業名	R&D 拠点 設立年	R&D 活動の内容
モトローラ	1995	半導体アナログ技術，ヒューマン・マシーン・インターフェイス
アイ・ビー・エム (IBM)	1995	「モノのインターネット（Internet of Things）」関連，業務分析と事務最適化，クラウド・コンピューティング，グローバル・サプライチェーン，中国語音声認識など多くの分野にわたる研究開発
マイクロソフト	1998	Windows，Office など主力ソフトウェア製品開発の一部，コンピュータ・サイエンスの基礎研究
インテル	1998	MPU 技術，通信技術，モバイル・アドバンスト・プラットフォーム技術
キヤノン	1998	ソフトウェア・マニュアルのアジア言語化，言語・文書・画像処理技術，映像事務機関連ソフトウェアの開発
ノキア	1998	IPV6，無線通信関連
アルカテル・ルーセント（ベル・ラボ）	2000	光通信関連開発，コンピュータ・サイエンス研究，応用数学研究
サムスン	2000	携帯端末の開発，システム・ソフトウェア，第 4 世代通信技術，マルチメディア
日立	2000	家電開発，情報通信システム，オープンソース・ソフトウェア，デジタル・テレビ
パナソニック	2001	次世代移動通信，デジタル TV 用ソフトウェア，CRT 技術，中国語音声認識
NEC	2003	移動通信，ビデオ・画像処理，インターネット・マルチメディア情報処理，モバイル・ブロードバンド・ネットワークなどの分野における製品化や基礎研究
ヒューレッド・パッカード	2005	中国市場向けサーバー，PC の開発，次世代ソリューション技術
グーグル	2006	ネットワーク検索サービスのローカル化，中国語情報検索技術の開発

（出所）　杜など（2009），45-47 頁，そして各社ウェブ上の記述にもとづき筆者作成。

にではあるが，その数が増えている，ということである。例えば，そのうち，マイクロソフト社の中国 R&D 拠点は，すでに図表 7-1 の GTU に該当する，グローバル市場向けの重要な R&D センターになっていると言われている[16]。

　本節の考察により，まず，多国籍企業の海外 R&D 投資は，国際化とグローバル化という 2 つの段階を経てきたことと，2 つの段階における特徴が明らかになった。1980 年代末までの R&D の国際化は，主として先進国同士間に展開され，その主要動機は海外生産・販売への支援であり，現地適応型製品・プロセスの開発が主流であった。これにたいして，1990 年代以降の R&D のグローバル化段階の特徴は，海外 R&D 拠点間の体系的な分業が形成され，グローバル市場向け製品開発および包括的研究がなされるようになったことと，多国籍企業の海外 R&D が途上国までに拡大していることにある。R&D のグローバル化のなかで中国は多国籍企業の途上国における最大の海外 R&D 拠点となり，注目を浴びている。

　次に，R&D のグローバル化の現段階における中国について明らかになったのは次の 3 点である。第 1 に，多国籍企業は，現地生産の技術支援，中国市場の獲得とそのための開発の現地化，中国政府の優遇政策などの動機で，中国へ R&D 投資をおこなうのであり，昨今のグローバルな人材不足が起きると，大量かつ安価な中国人材の獲得が最大の動機となっているのである。第 2 に，多国籍企業の中国における R&D 拠点は，豊富な人材資源や知識蓄積をもつ中国の大学や研究機関との提携が多く，中国企業との合弁・合作が少ない。第 3 に，多国籍企業の中国でおこなっている R&D 活動の類型では，現地生産の技術支援や中国市場向け製品のローカル化など比較的単純な開発が主流である。しかしながら，こうしたなかでも，少数のグローバル市場向け製品開発，そして基礎研究など比較的高度な研究開発をおこなっている企業も存在している。

　それでは，このように中国で進行している R&D のグローバル化は，はたして中国に技術移転をもたらすことができるのだろうか。次節では，R&D のグローバル化と中国への技術移転について考察してみよう。

第3節　R&D のグローバル化と中国への技術移転

1. R&D のグローバル化と技術移転

(1) 企業内技術移転としての R&D のグローバル化

　R&D の国際化の段階においては，ヴァーノンによって解明されたとおり，アメリカ多国籍企業に代表される先進国の多国籍企業は，まず本国で開発した新技術を基礎に製品化を遂行し，競争上の優位性を維持し続けながら，本国だけでなく，海外市場でも商品を販売して利益を獲得するのである。本国において集中的におこなわれる R&D の成果は，経営戦略上重要なものであるほど他企業へのライセンシングはもちろん，本社の支配権が全面的に貫徹しない合弁，少数持株会社，さらには多数持株会社に対してさえも制限され，完全所有子会社にのみ排他的に技術移転される傾向にあったのである[17]。

　R&D のグローバル化の段階では，アメリカ多国籍企業のプロダクト・ポートフォリオ[18]政策とその技術上の競争力は，もはやその本国からの一方的な企業内技術移転のみに依存するのではなく，今や海外 R&D 拠点での技術開発と，そこからの逆技術移転をも取り組んだグローバルな技術政策が展開されるのである[19]。さらに，アメリカ多国籍企業が海外 R&D 拠点での技術上の成果を知的所有権として法的に独占化するのと同時に，その所有上の名義を本国本社に集中化する（pooling）ことを通して，国際 R&D ネットワークの成果を本国による一元的統制管理システムとして構築する[20]。

　これまで見てきた多国籍企業の海外 R&D の立地，研究開発拠点の機能，そして多国籍企業の本国本社，海外子会社と現地の間における知識・技術の流れについてまとめて見ると，図表 7-5 に示されているとおりである。同表の③から，多国籍企業は技術的優位にあるのと同時に，海外子会社をつうじて海外技術の吸収も行っているということが分かる。

　亀井（1991）は途上国と R&D の国際化との関係について，「最近，現地国政府，とりわけ発展途上諸国は，先進資本主義諸国からの技術的従属を断ち切るために，多国籍企業による R&D を現地でおこなうよう強く要望し，また助

第 7 章 R&D のグローバル化と中国への技術移転 *157*

図表 7-5 多国籍企業 R&D 活動の立地，機能と拠点間における知識・技術の流れ

	R&D の現地国として選好される理由	機　能	知識・技術の流れ
①	海外生産の立地として適切である	TTU	本国本社→海外子会社
②	現地市場が大きい（このため現地ニーズに適応した製品の開発がコストの面からみて引き合う）	ITU	本国本社→海外子会社 ↑ 現地での開発・利用
③	イノベーショナル知識が集積（多数の私的・公的研究機関の存在，科学者・技術者の群集）している	GTU	現地の研究機関，科学者・技術者 ↓ 海外子会社→本国本社

（出所）　亀井（1991），104 頁により筆者作成。

成策を講じている。しかしこれら政府は，多国籍企業の R&D 戦略の本質を十分に理解しなければならない。さもなければ，現地 R&D 活動の成果のほとんどは多国籍企業の本国に帰属し，現地国の努力は無に帰すおそれなしとしないのである」と，途上国が正確な認識を持つべきことを指摘している[21]。

(2)　多国籍企業から現地企業への技術移転

　多国籍企業から現地企業への企業間技術移転は，序章で明らかにしたように，市場型と非市場型という2つの形態をとってなされる。業界で広く知られているように，中国パソコン・メーカーの最大手である聯想集団（レノボ・グループ）は2004年末に IBM 社のパソコン部門（PC division）にたいして買収をおこなった。この買収を経由してなされた IBM 社からレノボ社への技術移転は，市場型技術移転に当てはまる[22]。これに対して多国籍企業の直接投資をつうじて実現される現地企業への技術移転は，主として非市場型技術移転である。

　発展途上国が先進国多国籍企業の直接投資を歓迎する主な理由の1つは，序章でも明らかにしたように，直接投資を通じた技術のスピルオーバー効果である。ところが，多国籍企業による中国への直接投資について見ると，そのスピルオーバー効果は中国政府と企業の期待をはるかに下回っている。そこで，中国政府は，多国籍企業の中国における R&D 投資こそが「メード・イン・チャイナ」（中国製造）から「クリエイティド・イン・チャイナ」（中国創造）への進化を促すきっかけとみて，誘致するために優遇政策を講じるだけでなく，それを通じた技術のスピルオーバーを吸収するために，環境整備や現地企業によ

る研究開発の奨励などにも取り組むようになった。

　ただし，中国政府と企業のこうしたスピルオーバーへの期待が現実的なものになるためには，次のような2つの条件が必要となる。その1つ目は，高度な研究開発を中国で遂行する多国籍企業が存在することである。その2つ目は，多国籍企業の中国R&D拠点において，比較的高度な研究開発ができる中国人技術者が存在することである。その結果，これらの技術者が中国現地企業や研究機関に移動することによって，期待されるスピルオーバー効果が実現する。

　このような技術移転が起きているかどうかについての検証は，次節に譲る。その前に，次項では，多国籍企業の中国R&D拠点において，比較的高度な研究開発ができる中国人技術者が存在しているかどうかを見てみよう。

2.　多国籍企業の中国R&D拠点における中国人技術者の役割

　多国籍企業の中国R&D拠点における管理職も含む技術者は，出身地により次のような3つのグループに分けられる。第1グループは外国人材である。これは，多国籍企業の本国あるいは他の外国からきた人材を指す。本社によって技術指導役あるいはトップやミドル・マネージャーとして配属されることが多く，総人数に占める割合は通常5％を下回る。次に，第2グループは，主に中国の台湾省出身の人材である。彼らはほとんどアメリカなど欧米留学や仕事経験の持ち主であり，技術指導役あるいはマネージャーとして配属される。とくに外資企業の中国大陸進出の初期において，十分な経験を持つ中国大陸出身者が少なかったため，彼らは中国語が分かることは勿論のこと，本社のトップ層ともコミュニケーションを上手くとれるので，中国大陸地域のトップ管理者・技術者になる場合が多かった。第3グループは現地出身の人材である。また，現地出身の人材は主に3つのルートから採用されている。第1ルートは帰国組である。帰国組には，豊富な技術やマネジメント経験の持ち主から留学しか経験していない者までが含まれる。第2ルートは国内の政府系R&D機関，大学あるいは企業から転職してきた人材である[23]。第3ルートは国内の大学・大学院といった新卒である。多国籍企業が奨学金の提供や大学との連携などを通じて中国の優秀な人材を囲い込むことはすでに周知のこととなっている。

　このような人材の構成における中国人技術者の役割を見てみよう。図表7-6

に示されているのは，多国籍企業の中国 R&D 拠点におけるミドル・レベル以上の技術者・管理者の出身国（地域）に関する調査の結果である。同表によると，中国大陸出身者がトップ・リーダーを務めている機関数の割合は全体の37％，上級マネージャーの場合は5割超，上級研究員の場合は約9割，である。このように，多国籍企業の中国 R&D 拠点において経営者，管理者も含む中国出身の人材が重要な役割を果たしていることが明らになった。なかでも，上級研究員ポストの9割が中国出身技術者によって占められていることから，比較的高度な研究開発ができる中国人技術者の存在がうかがえる。

図表 7-6　多国籍企業の中国 R&D 拠点におけるミドル・レベル以上技術者・管理者の出身地域

トップ・リーダー	母国及び他国	中国大陸	台　湾	有効サンプル数
機関数	15	10	2	27
割合（%）	55.6	37	7.4	100
上級マネージャー	母国及び他国	中国と他国	すべてが中国	有効サンプル数
機関数	5	10	15	30
割合（%）	16.7	33.3	50	100
上級研究員	少数が中国	ほとんどが中国	すべてが中国	有効サンプル数
機関数	3	5	23	31
割合（%）	9.7	16.1	74.2	100

（出所）　OECD（2008b），p.284.

　本節では，R&D のグローバル化における多国籍企業から中国への技術移転をめぐって，まず，R&D のグローバル化と技術移転の関係を考察し，次のようなことを明らかにした。多国籍企業の技術に対する支配力が強いために，彼らの主導下にある R&D のグローバル化を通じた技術移転は主として企業内技術移転であり，多国籍企業から途上国現地への技術移転としては，そのスピルオーバー効果しか期待できない。しかしながら，限られた技術移転と言われるスピルオーバー効果の諸経路のなかでも，比較的高度な研究開発ができる技術者の多国籍企業 R&D 拠点から途上国現地への移動は，多国籍企業のコントロールしきれないことである。そのために，それを通じた技術移転が重要な技術移転のチャンネルになると考えられる。次に，OECD によっておこなわれた関連調査の結果をつうじて，多国籍企業の中国 R&D 拠点において，比較的

高度な研究開発ができる中国人技術者が存在していることを明らかにした。

これらの検証をもとにして次節では，マイクロソフト社を主要事例として，こうした多国籍企業の中国 R&D 拠点から中国企業や研究機関への技術者移動による技術移転が起きていることを明らかにする。

第4節　マイクロソフト社を中心とする事例研究

1. マイクロソフト社の事例

(1)　マイクロソフト社の中国進出

マイクロソフト社は，1975 年に設立され，パソコン時代の OS（オペレーティング・システム）をはじめ，開発ツール，アプリケーションなどソフトウェアの市場を独占してきた世界最大のソフトウェア・ベンダーである。現在の業務は主に，① パソコンの OS 及び関連ソフトウェア，オンライン・サービスの開発と販売，② サーバー関連のツール，③ オンライン広告・検索エンジン（Bing），MSN などオンライン・サービス，④ マイクロソフト・オフィスをはじめとしたビジネス・アプリケーション，⑤ Xbox ビデオゲーム・システム等エンターテインメント機器・同ソフトウェアなど，5 つの分野からなる[24]。

マイクロソフト社による中国への R&D 投資は，1992 年に北京で事務所を開設することから端を発し，その翌年には北京テスト・センターが設立された。その後，1995 年にはマイクロソフト中国有限公司と，マイクロソフト中国研究開発センターが相次いで設立されるようになった。

現在のマイクロソフト（中国）は北京本社以外に，上海，広州，成都，南京，瀋陽などに支社を設置しており，業務は基礎研究，製品開発，マーケティング，テクノロジー・サポート，教育訓練など広い分野に及んでおり，米国本社に次ぐ多様な機能を持つ海外子会社となっている[25]。

(2)　マイクロソフト社の中国における R&D 活動

マイクロソフト社は，1998 年に中国研究院を設立し，中国で本格的な研究開発に取り組み始めた。そして 2006 年に中国研究院が「アジア・パシフィック研究開発グループ」に昇格し，2010 年時点で同グループは 3,000 名の技術

第7章　R&D のグローバル化と中国への技術移転　　*161*

図表 7-7　マイクロソフト・アジアパシフィック研究開発グループの一覧

	機関名	立地	設立年	位置づけ	分　　野	成　　果
①	アジア研究院(MSRA)	北京	2001年(1998年に中国研究院として出発)	最大規模の基礎研究を行う海外 R&D 機関。現在，世界一流のコンピュータ基礎研究機関に発展。	ナチュラル・ユーザーズ・インターフェイス，次世代マルチメディア，インターネット検索及びオンライン広告，コンピュータ科学の基礎理論等。	Office 2010, Windows 7, Bing などに取り込まれた技術，1200 件以上の特許，MPEG4, ITU/ISO などは業界標準になっている。
②	アジア工程院(ATC)	北京	2003	インキュベーターとして。	モバイル・ネットワーク技術,デジタル医療,新興市場。	n. a.
③	アウトソーシング事業部	北京	n. a.	中国の政府部門やソフトウェア企業との提携を強めるためのQC および人材育成。	ソフトウェア開発のアウトソーシング。	Hisofe や中軟国際などと提携，発注金額で，2005 年に 3000万米ドル，2010 年には 1 億 6200 万米ドルに達した。
④	サーバーと開発ツール事業部	北京と上海	2005	世界一流の開発・イノベーションそして業務センターを目指し，グループの中核部門と位置づけられている。	サーバー，開発ツール。	SQL サーバー，Visual Studio とそれらのクラウド化。最近は Windows Azure の開発に取り組む動き。
⑤	ビジネス・ソフトウエア部	北京	n. a.	個人やビジネス・チームの情報処理にソリューションを，提供する。	社内メッセージ，リアルタイム通信などグローバルおよびローカル・ソリューション。	Exchange サーバー，Sharepoint など。
⑥	アジア検索・広告技術センター	北京	n. a.	次世代ネットワーク技術の探索。	検索エンジン，オンライン広告などネットワーク技術の開発と応用。	Bing, MSN ソーシャル・ネットワークなど。
⑦	アジアハードウェアセンター	深圳	2004	米国本部の技術者と提携して，ハードウェア製品のデザインから量産へのプロセスに携わる。	ハードウェア製品の研究開発，設計，テストと製造。	マウス，キーボード，ウェブカムなど PC の周辺設備，XBOXおよび周辺の開発に貢献。
⑧	ビジネス製品開発グループ	北京	n.a.	一部ソフトウェア製品のマーケット・リサーチ，テスト，ローカリゼーション。	デジタル・エンタテインメント製品，プログラミング・ツール，ビジネス・ソリューション，プラットフォームとサービス，IT 技術部門など。	Microsoft TV, Visual Studio 等のローカリゼーション。

（出所）微軟亜太研発集団（マイクロソフト・アジアパシフィック研究開発グループ）ウェブ・頁
（http://www.microsoft.com/china/ARD/groups.aspx）の内容にもとづき筆者作成。

者[26] を擁し，数多くの成果を出し，マイクロソフト社の重要な海外 R&D 拠点として位置づけられている。図表 7-7 は，同グループの構成を示すものである。

同表から，① の MSRA と ④ のサーバーと開発ツール事業部は，マイクロソフトの Windows 7，ビジネス・アプリケーションの Office 2010，データベースの SQL サーバーと開発ツールの Visual Studio など主力製品の開発に貢献したことがわかる。また，⑤ や ⑥ など他の研究機関の成果をみても，アウトソーシング分野を除いて中国の開発チームは新技術の開発に寄与していることが窺える。

次項からは，なぜこのような技術開発ができたのかについて，技術者に焦点を当て，これを明らかにする。

(3) MSRA における技術者の構成

MSRA は次のような技術者のグループから構成されている。第 1 グループは，李開復，張亜勤をはじめとする MSRA の院長レベルの技術者・経営者からなる（図表 7-8）。中でも，MSRA の歴代の院長は，世界的に見てもトップ・レベルの技術と経営上の才能を兼備する人物である。彼ら皆が大手 ICT 多国籍企業での仕事経験を有している。たとえば，中国研究院の初代院長を務めた李開復は，1988 年に音声認識技術の開発で『ビジネス・ウィーク』誌の最重要発明賞を受賞し，その後アップル社での勤務期間中に Quick Time の開発をリードした。また，技術に優れただけでなく，彼はマイクロソフト社のグローバル副総裁というポストまでに抜擢され，ビル・ゲイツの「7 人のシンクタンク」の 1 人であるほどのトップ・マネージャーでもある[27]。李開復の院長役を引き継ぐ張亜勤は，31 歳の若さで IEEE フェローになっている（IEEE 史上最も若いと言われる）。彼も，GTE 社の研究職，そして Sarnoff のマルチメディア・ラボラトリー主任などを歴任し，多国籍企業でのマネジメント経験をもつ者である[28]。

第 2 グループは，プロジェクト・チームのリーダーとして活躍している，研究員[29] レベルの科学者・技術者である。マイクロソフト社に在籍する研究員 24 人の学歴と職歴を見てみると，うち 11 人が海外留学あるいは仕事経験を持っている。そのほか，中国科学院（CAS）は 4 人，清華大学は 3 人，北京

大学は2人，そして地方の一流大学にも4人おり，全員が博士の学位を有している。

第3グループは，副研究員レベル以下の技術者たちである。副研究員のレベルでは，海外留学や仕事経験をもつ者の割合が低下する。さらに，一般開発者のレベルでは，中国の理科と工科名門校修士以上の出身者がほとんどであり，海外留学や仕事経験を持つ者がほとんど存在しない。また，開発経験もほとんどないが，国際的学術誌や会議にて論文を公表したことのある者が多い。さらに，彼らは，プロジェクトの実践をつうじて技術と経験を身につけているた

図表7-8　MSRAの院長レベルの技術者

技術者	役職	学歴	職歴	専門分野
李開復	中国研究院院長，MSRA院長(1)	米コロンビア大(学士)，カネギー・メローン大(博士)。	アップル社，SGI社，2005年にグーグル社入社。	音声認識(国際的に知られている技術者として)
張亞勤	MSRA院長(2)，MSグローバル副総裁	中国科学技術大(学士)，米ワシントン大(博士)。	米GTE社，Sarnoff社など。	ディジタル・グラフィック，ビデオ技術
瀋向洋	MSRA院長(3)，マイクロソフト社グローバル副総裁	南京工学院(学士)，米カネギー・メローン大(博士)。	DEC社ケンブリッジ・ラボ，アップル社。	コンピュータ・グラフィック(世界のトップレベル)
張宏江	アジア・パシフィック研究開発グループCTO	鄭州大学(学士)，デンマーク科学技術大(電子工学博士)	ヒューレット・パッカード・セントラル・ラボなど。	イメージ分析・検索，データ・マイニング
洪小文	MSRA院長(4)	台湾大(学士)，米カネギー・メローン大(修士・博士)	マイクロソフト社で15年間継続	音声認識
郭百寧	MSRA常務副院長	北京大(学士)，米コーネル大(修士・博士)	IEEEグラフィック学会誌副編集長	グラフィック技術
馬維英	MSRA常務副院長	台湾清華大(学士)，米カリフォルニア大(修士・博士)	HPラボ	インターネット検索ツール，データ・マイニング
宋羅蘭	MSRA副院長	n.a.	米でSEとしてマイクロソフト入社，日米でシニアPMなど歴任	ソフトウェアのビジネス応用，大学と他研究機関との交流
王堅	MSRA副院長	杭州大心理学部(学士・工学博士)	浙江大学教授	ヒューマン-コンピュータ・インターフェイス

（出所）唐・蒋・李(2008)，マイクロソフト(中国)，Baidu百科などにもとづき筆者作成。

164　第Ⅱ部　「技術者による技術移転」に基づく競争優位

め，有能な研究者に成長する可能性が高いと思われる。

　以上のような人材構成のなかで，第1グループの技術者ほとんどが世界的に
評価されている高度な研究開発人材である。第2グループの技術者は，MSRA
の各研究開発プロジェクトのリーダーとなっているので，彼らも比較的高度な
研究開発能力を持つと思われる。

(4)　技術者の現地への移動を通じた技術移転

　2005年，李開復はマイクロソフト社からグーグル（中国）社に転職した。
そしてその後2009年になると彼はグーグルを退社し，「創新工場」と名付けら
れたベンチャー育成事業を興した[30]。

　王堅は本事例で少数の海外留学・仕事経験を持っていない上級技術者・管理
者である。彼のMSRA入社は亀井（1991）が指摘したとおり，多国籍企業に
よる現地イノベーショナル資源（科学・技術者）の獲得に当てはまる。彼はマ
イクロソフトを退社した後，電子商取引マーケット・プレースを中核的事業と
するインターネット企業アリババ社に入社した[31]。

　李開復，王堅のような中国R&D拠点のトップ技術者・管理者のみならず，
技術部門リーダーのレベルで，同時にミドル・マネジメントのポストにある技
術者の現地企業への移動も，技術移転の重要な一環である。林斌は1つの典型
的な事例である。彼は，中国の大学で学部を卒業した後渡米し，1992年にド
レクセル（Drexel）大学コンピュータ・サイエンスの修士学位を取得した。
1995年から2006年にかけて林は，マイクロソフト・アジア工程院の技術部門
の責任者，アジア研究院上級マネージャーなどを歴任し，Windows Vista，
IE7などの開発に携わっていた。そのほか，彼は音声合成と認識，ビデオ，
オーディオ，画像処理，顔認識など技術開発のチームをリードした。

　林は2006年にグーグル社に転職し，グーグル中国工程研究院副院長のポス
トに就いた。彼はグーグル社で，検索，携帯端末向けコンテンツ，画像検索，
地図など技術のローカル化，Youtubeのローカル化，ビデオ検索技術，グー
グル・ピンイン入力法，ツールバー，リナックス・デスクトップの開発をリー
ドした。

　林は，2010年にグーグル社を退社した後，スマートフォン向けソフトウェ
アの開発，モバイル・ネットワーク・コンテンツの開発などを主要業務とする

現地のベンチャー企業小米（シャオミー）科技有限責任公司に入社した。同社は急速な発展を遂げ，2012 年 6 月時点でその時価が 40 億米ドルに上がった。林氏が同社の総裁となったことから，彼は重要な役割を発揮していることが窺える[32]。以上 3 つの事例をまとめると，図表 7-9 に示されているとおりである。

図表 7-9　マイクロソフト社から現地への技術者移動

	退社後の職場	移動の理由	業務内容	地位	現状
李開復	「創新工場」(2009 年)	起業	ベンチャー支援	創立者	未だに小規模，中台 IT 大手企業との連携を強化中
王堅	アリババへ転職 (2008 年)	n.a.	B2B プラットフォーム	最高アーキテクチャー責任者	MS で蓄積した技術を活用して新技術の応用開発へ
林斌	小米科技有限責任公司 (2010 年)	転職	携帯端末向けのソフトウェア開発，コンテンツ開発	総裁	時価総額 40 億元に達している企業

（出所）　注 30，31，32 の記事にもとづき筆者作成。

2. 他の ICT 多国籍企業の中国 R&D 拠点から現地への技術者の移動

本項では，前出の図表 7-4 に挙げられているマイクロソフト社と同様に比較的高度な研究開発活動を中国でおこなっている，他の ICT 多国籍企業のうち数社においても，技術者の移動をつうじた技術移転が起きていることを，明らかにする。これら多国籍企業に勤務していた技術者らは，主に次のような 2 つの理由で移動した。

その 1 つは，多国籍企業の中国事業撤退にともなう技術者の現地への移動である。前項の事例で，林の退社のきっかけとなったのは，グーグル社の中国大陸からの事業撤退[33]である。こうした多国籍企業の中国事業に対する調整・再編は，林と同じくグーグル中国工程研究院の副院長を務めていた朱会燦，王勁，劉駿と技術部門の責任者を務めていた鄭子斌など技術者たちの現地企業への転職を促した（図表 7-10）。同表の顔永紅など技術者の中国科学院への転職のきっかけとなったのも，インテル社における音声関連 R&D 部門に対するリストラである。

もう 1 つは，かつて多国籍企業でマーケティング関連の仕事に従事していた

166　第Ⅱ部　「技術者による技術移転」に基づく競争優位

図表 7-10　インテルとグーグル社の中国事業調整・再編にともなう人材移動の一覧

多国籍企業	技術者	それ以前の職歴	元の肩書	転職先	現在の肩書	現　状
インテル社	顔永紅（等7人）	オレゴン科学と工学研究院（OGI）教授	中国研究センター主任	CAS音声研究所（2001年）	CAS音声研究所所長補佐，信利音声ラボ主任	6ヶ月間に8件の特許，4件のソフトウェア著作権を取得
グーグル社	朱会燦	2000年という早い時期にグーグル入社	中国工程研究院副院長	騰訊社（2010年）	検索サービスのチーフ・アーキテクト	新業務のリーダーとして期待されている
	王　勁	アリババ社，オラクル社，eBay中国CTO・中国研究開発センター総経理		百度社（2010年）	副総裁	CTOとして主業務の検索エンジン技術，広告システム技術の開発をリードしている
	劉　駿	マイクロソフト本社で11年間		人民検索（2010年）	CTO	グーグルでは中国語での検索技術の開発をリードした。
	鄭子斌	アリババ，オラクル社E-Loanなどの数社においてマネジメントや技術職を	同研究院技術部門責任者	百度社（2001年）	営業部門の責任者	広告の検索・自動最適化，代理店管理システムなど技術開発やマネジメントの経験が生かされていると考えられる

（出所）　中国科学院（CAS）声学研究所ウェブサイト[34]，互動百科ウェブサイト[35]，人民網ウェブサイト[36]の記述にもとづき筆者作成。

技術者たちのスピンオフをつうじた移動である。例えば，黄鋼，董徳福の事例では，マーケティング系の技術者が中心に十数人ないし数十人の技術者たちが集団でスピンオフした。

　黄鋼は，米国で博士号取得した後，ルーセント社に入社した。同社退社直前の肩書きは，光通信部門の市場開発副総裁であった。マーケティングと技術の知識を兼備した彼は，中国における光通信の将来性を認識し，ルーセント（中国）社の技術者70名を連れて，2000年に通信企業への技術支援を提供する光橋科技有限公司を設立した。同社は，海外中小メーカーの光通信関連製品の代理販売と光ネットワークのシステム・インテグレーション（SI）業務からスタートし，やがて光通信分野の研究開発にも取り組んでおり，同社の光伝送製

品は輸出されるようになっている[37]。

董徳福など14名の技術者がモトローラを退社し，2002年に徳信無線技術公司を創立した。現在同社の取締役会長兼CEOを務める董は，重慶大学機械工学学部を卒業した（1994年）後，三菱の中国子会社で営業部マネージャー，1997年から2001年まで，モトローラ社では，中国市場の開拓を全面的に担当するセールス・マネージャーを歴任した。

現在の徳信無線技術公司は中国の主要な携帯端末，携帯向けソフトウェアの設計・開発会社となり，国内では上海，深圳，杭州，海外では米国，日本，韓国に研究開発拠点を持っている。2008年末時点での同社の従業員数は2,000人を超え，海外向け業務収入が売り上げ全体のおよそ8割を占め，ナスダックでの上場（China Techfaith，NASDAQ：CNTF）を果たした[38]。

3. 事例研究のまとめ

マイクロソフト社の事例をつうじて，MSRAの研究開発機能は，グローバル製品開発拠点（GTU）までに進化してきていること，李開復，王堅，林斌のような比較的高度な，ないし高度な研究開発ができる技術者の現地への移動，つまり，中国政府と企業が期待したような技術者を通じた技術移転が既に起きていることが明らかになった。

他の大手ICT多国籍企業の事例は，多国籍企業の中国R&D拠点から中国企業や研究機関への技術者の移動がまれに起きることではないことを示唆している。さらに，技術者を通じた技術移転は，技術者個人レベルでの転職に止まらず，やがて徳信無線，光橋科技などハイテク企業を生み出したり，百度，騰訊のような中国ICT企業の技術開発を支えたりするようになっており，技術移転の重要なチャンネルになっていることが検証された。

第5節　おわりに

本章では，R&Dのグローバル化と中国ICT産業における技術進歩の関係を，技術者の移動に焦点を絞って考察した。その結果，まず，少数ではある

が，マイクロソフト社など，中国R&D拠点で比較的高度なR&D活動をおこなっているICT多国籍企業が存在しており，さらに，研究開発の担い手は主に帰国組と現地出身の中国人技術者であることが明らかになった。次に，技術者，とくにミドルとトップ・レベル技術者の，多国籍企業の中国R&D拠点から現地への転職や起業などの移動が確認された。最後に，こうした技術者の移動をつうじて技術移転がなされ，そして移転された技術はすでに中国ICT企業の技術開発を支え始めていることが明らかになった。このように，技術者による技術移転が重要な技術移転のチャンネルとなったのである。

　本章の考察より次のよう示唆を得た。すなわち，中国のような途上国政府は，もっと技術者に注目し，そして多国籍企業のR&D拠点からの人材移動を促すためには，技術人材が起業しやすい，或いは研究開発に取り組みやすい社会的環境の整備が必要である。これは，先行研究が主張する外資企業のR&Dを誘致するための環境整備の意味を超えた，より深層にある知的所有権への尊重と保護にかんする社会的意識などの変革が必要だと思われる。

〈注〉

1　こうした開発は，主に本社で開発された技術をもとにしておこなわれる。研究開発の主要な部分は，多国籍企業の本国本社あるいは他の先進国に立地するR&D拠点で遂行されるがために，中国での開発は比較的単純なものである。したがって，本章では，表現上の便利を図るために，「比較的単純な開発」とよぶ。これに対して，基礎研究，グローバル市場向け製品開発などR&D活動には，より多くの研究開発プロセス，多様な研究開発活動が含まれるために，より多様な関連技術・知識が必要となる。以降，本章では，「比較的高度な研究開発活動」と表現する。

2　OECD（2002），p.30.

3　UNCTAD（2005），p.103。

4　2002年における世界のR&D総支出額は3,100億米ドルであった。そのうち，R&D支出額の上位700社（その98％以上は多国籍企業である）の合計は，世界のR&D総支出額の46％を占めている。ところがその700社は，多国籍企業総社数の約1％しか占めていない（UNCTAD, 2005, p.119）。

5　Casson & Singh（1993），p.91.

6　日本では，たとえば林倬史（1989）はR&Dの国際化を，（1）多国籍企業が製品戦略などに沿って自己の持つ技術を計画的に海外へ移転する段階と，（2）多国籍企業が海外の立地を視野に入れて，研究開発のネットワークを構築する段階とに区分している。この2つの段階は，それぞれCasson & Singhが定義したR&Dの国際化とグローバル化に対応すると思われ，筆者は同じ見解と捉えている。

7　UNCTAD（2005），pp.121-122。

8　Prasada Reddy（2000），pp.54-55。

9　Ibid., p.25。

10　2003年におけるR&D投資額が最も多い多国籍企業700社の中には，米国の多国籍企業296社が

品は輸出されるようになっている[37]。

董徳福など14名の技術者がモトローラを退社し，2002年に徳信無線技術公司を創立した。現在同社の取締役会長兼CEOを務める董は，重慶大学機械工学学部を卒業した（1994年）後，三菱の中国子会社で営業部マネージャー，1997年から2001年まで，モトローラ社では，中国市場の開拓を全面的に担当するセールス・マネージャーを歴任した。

現在の徳信無線技術公司は中国の主要な携帯端末，携帯向けソフトウェアの設計・開発会社となり，国内では上海，深圳，杭州，海外では米国，日本，韓国に研究開発拠点を持っている。2008年末時点での同社の従業員数は2,000人を超え，海外向け業務収入が売り上げ全体のおよそ8割を占め，ナスダックでの上場（China Techfaith, NASDAQ：CNTF）を果たした[38]。

3. 事例研究のまとめ

マイクロソフト社の事例をつうじて，MSRAの研究開発機能は，グローバル製品開発拠点（GTU）までに進化してきていること，李開復，王堅，林斌のような比較的高度な，ないし高度な研究開発ができる技術者の現地への移動，つまり，中国政府と企業が期待したような技術者を通じた技術移転が既に起きていることが明らかになった。

他の大手ICT多国籍企業の事例は，多国籍企業の中国R&D拠点から中国企業や研究機関への技術者の移動がまれに起きることではないことを示唆している。さらに，技術者を通じた技術移転は，技術者個人レベルでの転職に止まらず，やがて徳信無線，光橋科技などハイテク企業を生み出したり，百度，騰訊のような中国ICT企業の技術開発を支えたりするようになっており，技術移転の重要なチャンネルになっていることが検証された。

第5節　おわりに

本章では，R&Dのグローバル化と中国ICT産業における技術進歩の関係を，技術者の移動に焦点を絞って考察した。その結果，まず，少数ではある

168　第Ⅱ部　「技術者による技術移転」に基づく競争優位

が，マイクロソフト社など，中国R&D拠点で比較的高度なR&D活動をおこなっているICT多国籍企業が存在しており，さらに，研究開発の担い手は主に帰国組と現地出身の中国人技術者であることが明らかになった。次に，技術者，とくにミドルとトップ・レベル技術者の，多国籍企業の中国R&D拠点から現地への転職や起業などの移動が確認された。最後に，こうした技術者の移動をつうじて技術移転がなされ，そして移転された技術はすでに中国ICT企業の技術開発を支え始めていることが明らかになった。このように，技術者による技術移転が重要な技術移転のチャンネルとなったのである。

　本章の考察より次のよう示唆を得た。すなわち，中国のような途上国政府は，もっと技術者に注目し，そして多国籍企業のR&D拠点からの人材移動を促すためには，技術人材が起業しやすい，或いは研究開発に取り組みやすい社会的環境の整備が必要である。これは，先行研究が主張する外資企業のR&Dを誘致するための環境整備の意味を超えた，より深層にある知的所有権への尊重と保護にかんする社会的意識などの変革が必要だと思われる。

〈注〉
1　こうした開発は，主に本社で開発された技術をもとにしておこなわれる。研究開発の主要な部分は，多国籍企業の本国本社あるいは他の先進国に立地するR&D拠点で遂行されるがために，中国での開発は比較的単純なものである。したがって，本章では，表現上の便利を図るために，「比較的単純な開発」とよぶ。これに対して，基礎研究，グローバル市場向け製品開発などR&D活動には，より多くの研究開発プロセス，多様な研究開発活動が含まれるために，より多様な関連技術・知識が必要となる。以降，本章では，「比較的高度な研究開発活動」と表現する。
2　OECD（2002），p.30.
3　UNCTAD（2005），p.103。
4　2002年における世界のR&D総支出額は3,100億米ドルであった。そのうち，R&D支出額の上位700社（その98％以上は多国籍企業である）の合計は，世界のR&D総支出額の46％を占めている。ところがその700社は，多国籍企業総社数の約1％しか占めていない（UNCTAD, 2005, p.119）。
5　Casson & Singh（1993），p.91.
6　日本では，たとえば林倬史（1989）はR&Dの国際化を，（1）多国籍企業が製品戦略などに沿って自己の持つ技術を計画的に海外へ移転する段階と，（2）多国籍企業が海外の立地を視野に入れて，研究開発のネットワークを構築する段階とに区分している。この2つの段階は，それぞれCasson & Singhが定義したR&Dの国際化とグローバル化に対応すると思われ，筆者は同じ見解と捉えている。
7　UNCTAD（2005），pp.121-122。
8　Prasada Reddy（2000），pp.54-55。
9　Ibid., p.25。
10　2003年におけるR&D投資額が最も多い多国籍企業700社の中には，米国の多国籍企業296社が

ランクインされ，その合計支出額は全体の4割強を占めている。

11　鄭（2009），242-243頁。

12　杜など（2009），16-17頁。

13　OECD（2008b），p.275。

14　Ibid., p.17。

15　詳しくは，OECD（2008b），pp.329-330を参照。

16　杜など（2009），37-54頁。

17　林（1989），232頁。

18　プロダクト・ポートフォリオとは，多種類の製品を生産・販売したり，複数の事業をおこなったりしている企業が，戦略的観点から経営資源の配分が最も効率的・効果的となる製品・事業相互の組み合わせ（ポートフォリオ）を決定するための経営分析・管理手法である。

19　林，前掲書，255-256頁。

20　林，前掲書，277頁。

21　亀井（1991），105頁。

22　筆者は，中国ICT産業における技術進歩と技術移転を考察するためには，レノボ社が遂行したこのような市場型技術移転も考察されるべきと，強く感じている。ただし，レノボ社を考察するならば，途上国企業による国際化という視点が必要になるため，先進国多国籍企業によるR&Dのグローバル化を取り上げているここでレノボ社については，今後の課題としたい。

23　ここでの叙述は，杜などがまとめた北京，天津，上海などの調査結果（杜など［2009］，55-57頁）にもとづいている。これらの調査の中で，IT産業における外資R&Dが大半を占めているために，ICT産業の特徴が反映されていると思われる。

24　同社のウェブサイトによる。

25　王（2005），187頁。

26　マイクロソフト社の2010年のアニュアル・レポートによると，同社の世界におけるR&D総人数は3万5,000人である。

27　唐・蒋・李（2008），162-163頁。

28　前掲書，26-27頁。

29　研究員は，中国において教授に相当する職名である。

30　「李開復打造『創新工場』，天使投資進入新時代」『中国高新技術産業導報』2009年9月14日付，A06面。

31　「微軟亜洲研究院原副院長王堅加盟阿里巴々集団」（http://tech.sina.com.cn/i/2008-10-08/10452495918.shtml，アクセス：2012年10月8日）。

32　林の事例は，「互動百科：北京小米科技有限責任公司」（http://baike.baidu.com/view/7289233.htm，アクセス：2012年8月28日）と，韓天宇（2011）「小米科技総裁林斌简介」（和訊科技ウェブ・ページ，http://tech.hexun.com/2011-07-24/131712622.html，アクセス：2012年8月24日）の記述にもとづいたものである。

33　グーグル社は，中国政府によるインターネット検索結果などへの検閲や規制は自社の精神に反するものとして，2010年5月に中国大陸から事業撤退をした。

34　鄭千里「"海帰"顔永紅和団队成員的心路历程」（http://www.ioa.cas.cn/yjsjy/zs/200911/t20091104_2647923.html?randid=0.3707733591941468，アクセス：2012年8月29日）。

35　「朱会燦」項目（http://www.hudong.com/wiki/%E6%9C%B1%E4%BC%9A%E7%81%BF），「王勁」項目（http://www.hudong.com/wiki/%E7%8E%8B%E5%8A%B2），「鄭子斌」項目（http://www.hudong.com/wiki/%E9%83%91%E5%AD%90%E6%96%8C，アクセス：2012年8月28日）。

36　「搜索引擎专家刘骏担任人民搜索首席科学家」（2011年2月20日の記事，http://media.people.

170 第Ⅱ部 「技術者による技術移転」に基づく競争優位

com.cn/GB/13960188.html, アクセス：2012 年 8 月 24 日）

37 黄鋼の事例は，蒋均牧（2004）「崛起中的光橋和它的舵手—従黄鋼博士看領導魅力」（中国通信網，http://www.c114.net/interview/340/a203910.html, 2012/10/31）と，鄧莉・向沢輝「『走出去』是硬道理，構建技術和文化的完美橋梁—访光橋科技（中国）有限公司的首席执行官黄鋼博士」『現代有線伝輸』2004 年第 4 号の記述にもとづいている。

38 董の事例は，徳信無線技術公司のウェブ・ページ（http://www.techfaithwireless.com/english/about/about_2_1_1.htm, アクセス：2012 年 11 月 1 日）と，杜など（2009），61 頁の記述にもとづいている。

〈参考文献〉

Casson, M. and Singh, S.（1993）"Corporate Rearch and Development Strategies: The Influence of Firm, Industry and Country Factors on the Decentralisation of R&D", *R&D Management*, Vol.23, No.2, April, pp.91-107.

OECD（2002）*Proposed Standard Practice for Surveys on Research and Experimental Development* Franscati Mannual, Paris.

OECD（2008a）*The Global Competition for Talent: MOBILITY OF THE HIGHLY SKILLED*.

OECD（2008b）*OECD Reviews of Innovation Policy : CHINA*.

Ping Lan（1996）*Technology Transfer to China through Foreign Direct Investment*, Ashgate Publishing Limited.

Prasada Reddy（2000）*Globalization of Corporate R&D: Implications for innovation in host countries* Routledge.

UNCTAD（2005）*World Investment Report 2005*.

UNESCO Institute for Statistics（2006）*Global Education Digest 2006: Comparing Education Statistics across the World*（UNESCO Institute for Statistics, Montreal, Canada.

Walsh. K.（2003）*Foreign High-Tech R&D in China: Risk, Rewards, and Implication for U.S.-China Relations*, The Henry L. Stimson Center, www.stimson.org

World Bank（2007）*Strengthening China's Technological Capability* WPS4309.

Yen-Chung Chen（2007）"The upgrading of Multinational Regional Innovation Networks in China", *Asia Pacific Business Review*, Vol.13, No.3, 373-403, July 2007.

北真収（2002）「中国への研究開発（R&D）投資とそのマネジメント—インタンジブルの蓄積と保護の視点から」『開発金融研究所報』，9 号（2002 年 1 月），99-123 頁。

関下稔（2011）「R&D 投資の国際化と多国籍企業の海外子会社」関東学院大学『経済系』第 246 集（2011 年 1 月），1-26 頁。

高橋浩夫（1996）『研究開発国際化の実際』中央経済社。

林倬史（1989）『多国籍企業と知的所有権』森山書店。

安田英士（2009）「R&D 活動国際化と技術移転に関する分析」，江戸川大学編『情報と社会』第 19 巻（2009 年第 2 号），111-119 頁。

陸云江（2011）「R&D のグローバル化と中国 IT 産業の技術発展」『龍谷大学経営学論集』第 51 巻第 2・3 号（2011 年 12 月），9-23 頁。

董軍（2009）「自主創新様本：中星微闖関」『中国経営報』2009 年 1 月 12 日第 A08 面。

杜徳斌など（2009）『跨国公司在華研発：発展，影響及対策研究』科学出版社。

李安方（2004）『跨国公司 R&D 全球化』人民出版社。

劉雲（2007）『跨国公司技術創新—研発国際化的組織模式及影響』科学出版社。

マイクロソフト中国（2008）『微軟亜洲研究院十年創新』。

屈韜（2009）『FDI 技術外溢与自主創新体系研究』，対外経済貿易出版社。

唐明磊・蒋成義・李莫凡（2008）『微軟王国里的華人領袖』北京工業大学出版社。

王志楽編著（2005）『跨国公司在中国報告 2005』中国経済出版社。

王婉（2006）「微軟：突破人才流失困境」『国際人才交流』2006 年第 7 号，13-14 頁。

『英才』（2007）「微軟中国的研発力量－他們譲蓋茨驚訝」雑誌『英才』2007 年第 9 号，62-64 頁。

祝影（2007）『全球研発網絡』経済管理出版社。

中国科学技術部発展計画司（2009）「2008 年我国科技人力資源発展状況分析」『科技統計報告』2009 年第 28 号総第 466 号，2009 年 12 月 30 日。

鄭飛虎（2009）『全球生産鏈下的跨国公司』人民出版社。

結言

1. 本書の結論

　本書各章の結論をまとめると次のとおりである。

　第1章で検証した，レノボ社が2005年に実施したIBM社のPC事業部門の買収は，「戦略的資産の獲得のため」の買収であり，対外直接投資であった。この「戦略的資産の獲得」は，先進国のアメリカ市場への進出を目指すよりは，グローバル化した中国という新興国市場向け製品の技術開発を目指していた。さらに，この戦略的資産は，中国市場での成功経験を活用できる新興市場での競争優位の獲得のためにも活用された。したがって，新興国市場での競争優位の獲得のための対外直接投資でもあった。この意味で，IBM社のPC事業部門の買収は，「戦略的資産の獲得」と「後進市場の開拓」のための対外直接投資であった。しかしながら，2011年に実施したNECのPC事業部門の統合は，先進国の日本市場の開拓を目指す点で，IBM社のPC事業買収とは，その目的が異なっていた。

　第2章をつうじて以下の諸点が明らかになった。まず，グローバル市場化した中国の通信機器製造業においてファーウェイ社は，農村という低所得市場に適した製品開発と満足のいくサービスを一体化して低価格で電気通信キャリアに提供することによって国内市場における競争優位を獲得したことである。さらにまた，ファーウェイは，この競争優位をもって，南北のアフリカ地域，ラテン・アメリカ地域，アジア太平洋地域など後進国や新興国の低所得市場や，さらにはヨーロッパなど先進国市場にも進出し得たのである。ファーウェイの通信機器製造業におけるこの競争優位こそ，低所得市場の中国市場のみならず，後進国や新興国などの低所得市場やヨーロッパなどの先進国市場にも進出することのできる源泉であった。最後に，このファーウェイ社の競争優位の形成と確立には，中国国内の経営資源や人的資源の発展や育成のみならず，海外

直接投資による戦略的資産取得が大きく貢献した。すなわち，ファーウェイの競争優位の形成・確立には，海外研究開発拠点，世界大手ICT企業や電気通信キャリアとの連合ラボラトリー，企業買収，海外の販売・サービス拠点，海外大手企業との合弁事業などの直接投資と，技術導入が大きく貢献したのである。

　第3章では，バイドゥ，アリババ，テンセント3社におけるビジネス・モデルの形成とその特徴について見た上で，3社がビジネス・モデルを構築ないしは再構築するために実施したM&A（企業の合併・買収）を中心に考察した。その結果，3社はベンチャー・キャピタルとの協力でM&Aを積極的に行い，必要な技術を取り入れたという点で共通していたが，次のような大きな相違が，同時に存在していた。すなわち，アリババ社の創業者馬雲はバイドゥ，テンセント社と異なり，技術者出身ではないためにもつ技術上の課題が他の2社より大きかった。本章の事例研究によれば，アリババ社は，Yahoo China に対するM&A（対外直接投資）をつうじて検索などICT技術やマネジメント・ノウハウなど戦略的資産を入手し，国内における寡占的な地位の獲得を大きく支えた。本章は，インターネット・ビジネスの分野においても，中国企業が対外直接投資を通じて戦略的資産取得を行っているビジネス・モデルがあることを明らかにした。

　以上本書の第1部で考察した中国のICT多国籍企業の海外進出（対外直接投資）をまとめてみると，その推進動機（目的）は，スティーブン・ハイマーが明らかにした先進国の多国籍企業の海外進出の目的とは著しく異なる。スティーブン・ハイマーは，「企業特殊的優位説」で次のように説明した。先進国の多国籍企業は，自国市場で技術的な優位性を確保し持続するからこそ他の先進国市場へ進出することができる，と。進出先の先進国市場で行うグローバルな競争上，自国市場で技術的な優位性を確保することが必要であった。先進国の多国籍企業の目的は，他の先進国市場へ進出することだからである。

　かかる意味において，第1章における中国のパソコン企業レノボ社のIBM社PC事業部門にたいする買収，第2章における中国通信機器メーカーの早い段階に始まった一連の海外直接投資，そして第3章におけるインターネット企業大手のアリババ社のYahoo Chinaの買収の諸事例は，以下のことを示すも

174　結　言

のであった。すなわち，新興国の中国市場で台頭する中国の寡占企業が，国内市場における外資企業や民族系企業との激しい競争で，寡占的な産業支配を実現・維持するために技術的な競争優位を獲得することが必要であった。この目的のために行った外資系企業に対する事業統合や買収＝技術導入・技術取得が，中国 ICT 産業の対外直接投資であった。これこそ，新興国・中国 ICT 企業の多国籍企業化の特質であり，先進国の ICT 多国籍企業化に見られない特質である。

2.　中国の ICT 多国籍企業：その展望と課題

　本書の第 1 章で分析したとおり，今日の中国 ICT 産業においては，外資系企業が依然として主導権を握っている。レノボやファーウェイなど中国の ICT 企業は，そうした中で，グローバル化した中国市場で競争優位を獲得することによって寡占企業化を果たし，ひいては多国籍企業化し始めたのである。ただし，FG500 にランクインした中国企業における ICT 企業数の少なさから分かるように，中国の ICT 多国籍企業はまだ少数に止まる。

　しかしながら，本書で見たように，パソコン，携帯端末などハードウェア部門だけでなく，中国の電気通信，ソフトウェア，インターネットなどサービス部門においても，大規模化及びグローバル化が進行している。そうした分野において国内トップの地位を占める ZTE（通信機器），アリババ社（インターネット・サービス）や Neusoft（ソフトウェア，医療系 SI）など ICT 企業の寡占企業化と多国籍企業化は，一層進むものと思われる。

　また，レノボが実施してきた一連の M&A は直接投資であり，国内市場向けの戦略的資産取得である。そして，NEC の PC 部門と統合して 2, 3 年後にレノボ社が IBM の x86 サーバーとモトローラー・モビリティを買収できたことは，まさにレノボの「戦略的資産の取得」が成功していることの表れであろう。しかしながら，PC のコモディティ化が進行しているなかで，「買収した技術＋低コスト生産」の方式で低価格を実現し，これをもって国内市場ないしは同質の新興市場に進出するという展開パターンは長く続けられるか，が課題

である。そこで，如何に取得した技術を吸収し，研究開発を続け，製品やサービスに新たな付加価値を付け加えるか，言い換えれば，独自の技術開発力を構築できるかどうかが，レノボ社だけでなく，中国のICT多国籍企業ないしは新興国多国籍企業の共通の課題である。

索　　引

【欧文】

AMD　83
AST　18
B2B　61, 69
B2C　61, 69
baidu. Com　67
BAT　62, 73
Bremmer, Ian A.　x, 3, 29
BRICs　i
C2C　61, 69
CC-DOS　112, 114
CDMA　45
CES　22
CISCO　107
CMM　140
CMM5　130, 141
CMMI5　137
CPU　110
DHC　vi, 124, 130
DHC/DHEE　140
DHEE（大連華信計算機新技術培訓中心）　141
DRAM　95
Dunning, John H.　x
EMS（電子機器の受託生産）　ii, 83
ERP（企業資源計画）　19
Facebook　55
FG500　174
Google　67
Hisoft　130, 139, 140
HP　83, 139
Hymer（スティーブン・ハイマー）　4, 26
IBM　iv, 50, 152, 157
IBM・PC　18
　——事業　17, 23
　——事業部門　24, 172
　——事業部門の買収　26
　——部門　19

IBM 互換機　82, 112
IC　9
ICP　57
ICQ　66
ICT　107
　——機器　99, 147
　——機器製造業　38
　——産業　4, 80-81, 147
　——製造業　5, 8, 11
　——多国籍企業　147-148, 162, 165, 167-168, 175
　——多国籍企業化　174
IM（インスタント・メッセンジャー）　65, 71
IPO（新規株式公開）　58
IP 技術　47
ISP　57
ITSS（IT スキル基準）　125, 135
IT サービス　81
IT バブル　41
IT 機器・システム　81
IT 産業　viii
M&A（企業の合併・買収）　71, 73, 173-174
MIS（経営情報システム）　19
MRP（資材所要量計画）　19
NAFTA　80
NASDAQ　66, 167
NEC　17-18, 22, 50, 83, 135-137, 141
　——の PC 事業部門　172
Netease　62
Neusoft　vi, 124, 130, 137, 174
NTT データ　141
ODM 方式　110
OECD　ii, x, 5, 80, 152
OEM（相手先ブランド製造）　83
OICQ　66
OS　69, 160
PC　99
　——メーカー　19

索　引　*177*

R&D（研究開発）　14, 147-148, 155-156
　──拠点　159, 168
　──戦略　157
　──投資　149, 152-153, 155, 157, 160
　──のグローバル化　vii, 147-149, 151-152, 155-156, 159, 167
　──の国際化　vii, 148-150
SAP 社　19
Saxenian　94
SE　125, 132
shanda. net　62
Sina　62
SI ベンダー　vi, 123-124, 133
SNS　65
Sohu　62
SUN　50
Think Pad　17, 22
UNCTAD　x
WTO 加盟　16
Yahoo China　v, 56, 71, 173
Youtube　164
ZTE　174

【ア行】

アジア・パシフィック研究開発グループ　160
アップル　162
アドオンカード　17, 109
アマゾン　55
アメリカ商務省　81
アメリカ多国籍企業　151
アリババ　iii, v, 55, 62, 69, 173-174
アルゴリズム　116
アルパイン　137-139
暗黙知　116
育成　137
　──プロセス　144
イノベーション　56
インスタント・メッセンジャー　65
インターネット　81, 173-174
　──企業　ii, 55, 62
　──・コンテンツ・プロバイダー　57
　──・サービス・プロバイダー　57
　──・ビジネス　58, 60, 173
インテル　50, 139, 148, 166

ヴァーノン　156
売上高　15
エコシステム　60
エレクトロニクス　81
遠隔教育システム　136
王緝志　109-110, 113, 118
王選　111, 113, 118
応用研究　149
オフショア・アウトソーシング　83
オフショア開発　viii, 123-124, 127, 130, 133, 136-138, 141, 144
オフショア顧客専門センター　141
オフショア・ソフトウェア開発　vi
オープン・アーキテクチャー戦略　82
オンサイト開発　139, 141, 143
オンライン・ゲーム　63-65
オンライン・サービス　160

【カ行】

海外 R&D　156
　──拠点　147, 156, 162
海外売上高　42
海外研究開発拠点　173
海外進出　46
海外調達　19
海外直接投資　150
改革・開放　iii, 11, 31
　──政策　11
外国企業　7
外資（系）ICT 企業　11, 16
外資（系）企業　7, 9, 11, 14, 16, 38, 147
外資の独立出資　153
　──企業　36
開発　119, 149
　──体制　108
カー・オーディオ　138
科学院　118
科学技術体制改革　101, 105
過剰生産　i, vii
過剰投資　i, vii
寡占化　15, 62
寡占企業　i-ii, 16
　──化　174
華中工学院　114, 118

178　索　引

価値連鎖　82
合作・合弁事業　153
家庭用電子機器　8
下流工程　125, 128, 130
環境問題　i, vii
漢字の処理　108
漢字の入力法　111
管理者　94
基幹産業　6
基幹部品　8-9
企業家　94
起業家　73
企業間技術移転　89, 157
企業間取引　61
企業間分業　128
企業・個人消費者間取引　61
企業特殊優位説　4, 26, 173
企業内技術移転　89
企業の合併・買収（M&A）　150
帰国技術者　134
帰国留学者　118
技術　84
　──依存　147
　──移転　v, viii, 79, 88, 115-116, 118-119, 123,
　　131, 141, 147-148, 155-157, 159, 164-165, 167
　──移転の経路　119
　──移転のチャンネル　90, 148
　──開発　79, 168, 172, 175
　──格差　iii, 102
　──革新　v, 79, 88, 99, 108, 119, 147, 149
　──基盤　108
　──形成　115, 118-119
　──支援　154
　──者　vi, 80, 91, 94, 115-116, 126, 133, 139,
　　148, 153, 158-159, 162-165, 167-168
　──者による技術移転　iv
　──資料　116
　──進歩　vi, viii, 79, 86, 124, 129, 135, 137, 143
　──進歩の担い手　96
　──的な競争優位　26, 174
　──的な優位性　26, 173
　──的優位　iv, 18
　──導入　iv, 7, 24, 35, 123, 173
　──発展　vi, 107, 144

　──貿易　35, 79
基礎研究　11, 148, 150, 154
基本設計思想（アーキテクチャー）　82
キャリア　114
旧ソ連　7, 35
教育訓練　116
競争環境　16
競争優位　4, 17-18, 20, 24, 26, 39, 43, 46, 68, 172-
　174
巨竜　36
クアルコム　50
グーグル　57, 148, 164-166
組込ソフト　138
クラウドコンピューティング　60
クリエイティド・イン・チャイナ（中国創造）
　157
クロスボーダー M&A　iv, 73
グローバル化　11, 149, 172
グローバル寡占化　29, 40, 42
グローバル寡占企業　vi, 3, 11, 17, 26, 29
グローバル企業　17
グローバル競争　11, 16
グローバル 500　3
グローバル・サプライチェーン　20
　──・マネジメント　19, 49
グローバル市場化　36
グローバルな ICT 産業　ii
グローバルな競争　173
　──優位　17, 24
計画経済体制　31, 100
計算技術研究所　17
携帯端末　18, 174
厳援朝　112, 114, 118
研究開発　vii, 14, 22, 158, 168, 175
交換機産業　41
光橋科技有限公司　166
工業と情報化省　63
後進国市場　45
後進市場の開拓　172
工程間分業　123, 138
倪光南（ニー・コウナン）　114, 118
合弁・合作企業　14
合弁企業　35
国際 R&D ネットワーク　156

索　引　*179*

国際化のプロセス　29, 45
国際競争　16
　——力　iv, 30, 48
国際分業　80
国内受託開発型　125
国有（国営）企業　ii, 3, 11, 18, 29
国有民営　18
ココム　iv, 102
個人対個人間取引　61
コスト・リーダーシップ　19
　——戦略　18, 21
国家資本主義　ii, 29
　——論　3
コモディティ化　174
ゴールドマン・サックス　70
コンピュータ　8, 17, 38
　——開発　7, 118
　——言語　113
　——産業　6, 99-100, 106

【サ行】

サクセニアン　58, 94
サーバー　160
サプライヤー　45
差別化　19-20
サポーティング・インダストリー　82
サムスン　ii, 95
産業構造　6
産業集積　94, 147
産業政策　31, 147
時価総額　55
事業提携　21
事実上の世界的標準（デファクトスタンダード）
　82
自社ブランド　18, 45
自主開発　7, 88
市場型技術移転　89, 157
市場経済　108
市場占有率　44-45
市場戦略　29
シスコ　11
システム・アーキテクト　132
システム・アナリスト　134
システム・インテグレーション　166

システム開発　125
下請企業　125-126
四通集団　107-109, 113
　——ワープロ　113
実用化（製品化）　107
小米（シャオミー）科技有限責任公司　165
写真植字技術　110
上海ベル　43
集積回路　105
重層的な企業間分業構造　125
集中化　14, 156
集中度　16, 62
小規模化　14
上級SE　133
上級ブリッジSE　133
情報化　133
情報サービス産業　125
情報システム　105, 123
　——構築能力　133
情報処理推進機構　129
情報通信革命　83
情報通信サービス　147
上流工程　vi, 123, 125, 130, 133-134, 144
職歴（キャリア）　96
自力更生　102, 147
シリコンバレー　94
シリーズ機　105
新興国　i
　——市場　23-26, 46, 172
　——多国籍企業　ii, 175
　——多国籍企業論　iii, 3
人材　133, 158
　——育成　133, 135
　——構造　133
　——国際移動　152
　——処遇　135
　——の獲得　155
　——不足　155
信息産業部（情報産業省）　32
垂直統合型　94
数学力学学部　118
スタッフ　125
スティーブン・ハイマー　26, 173
頭脳還流　83, 94

180　索　引

頭脳循環　80
頭脳流出　80
スピルオーバー　158
　　──効果　147-148, 157, 159
スマートフォン　18, 22, 164
清華大学　101, 118, 162
政策転換　7
生産額　5, 8, 11, 14, 38
生産技術　149
生産拠点　11
生産高　14
製造業　6
製品開発　11, 154
製品技術　79, 149
製品のローカル化　148, 154
製品ライフサイクル　125
世界 PC 市場　17
設備投資　31
専業企業　82
専業半導体　81
先進国　i, 151, 156, 172
　　──間相互投資　149
　　──企業　29
　　──市場　24-26, 46, 172-173
　　──多国籍企業論　4
　　──の多国籍企業　26, 157, 173
戦略的資産　iii, 3, 72, 172-173
　　──の獲得　24, 26, 172
　　──の取得　48, 174
ソフトウェア　80-81, 106, 174
　　──企業　135
　　──技術　116
　　──・サービス業　6
　　──産業　vi, 123, 135

【タ行】

対外直接投資　iv, 25, 73, 172, 174
大規模化　14
大規模集積回路（LSI）　105
大唐　36
大連　130
大連華信　vi
多角化　18
多国籍企業　i, 20, 23, 26, 80, 143, 147-149, 152-

159, 162, 165, 168
　　──化　74, 174
タブレット PC　18, 22
チャンネル　167, 168
中外合弁企業　35-36, 44
中核技術者　118
中関村　94
中興通訊（ZTE）　36, 107
中国 ICT 企業　167-168, 174
中国 ICT 産業　7, 174
中国 PC 市場　17, 20
中国移動通信　ii, 32
中国インターネット協会　63
中国衛星通信　32
中国科学院（CAS）　17-18, 100, 113-114, 118, 162
中国企業　9, 14, 38
中国吉通　32
中国経済　6
中国研究院　160
中国語 OS　114
中国語（漢字）検索エンジン　67
中国語漢字処理アドオン・カード　19
中国国内市場　25
中国語情報処理技術　v-vi, 18, 79, 99, 107-108, 118-119
中国語タイプライター　109
中国互聯網協会　64
中国語ワープロ　109-110
中国市場　11
中国ソフトウェア産業　144
　　──協会（CSIA）　134
中国鉄通　32
中国電子信息（CEC）　ii
中国電信　ii, 32
中国軟件行業協会（CSIA）　129
中国の WTO 加盟　7, 11
中国発多国籍企業　ii, 3, 29
中国網通　32
中国聯通　ii, 32
中星微電子（ViMicro）　107
中流工程　130
張亜勤　162
長城 0520A 型機　112

索　引　*181*

長城 0520CH 機　113
長城 0520CH 型パソコン　113
長城集団　105-108, 111, 113-114
直接投資　3, 157, 173-174
通信機器　8, 29, 81
　——企業　40
　——産業　6, 38
　——製造業　30, 34, 172
通信キャリア　42
通信網　30
提携　17
低所得市場　v, 29, 172
テキサス・インスツルメンツ（TI）　50
デジタル電話交換機　44
デバイス　9
電気通信サービス　81
　——業　30
電子計算機　102
電子商取引（EC）　57, 61
電子デバイス　38
電子部品　38
騰訊（テンセント）　v, 62, 65, 167, 173
電話交換機　35, 46
動機　152-153, 155, 173
統合サプライチェーン（ISC）　49-50
統合製品開発システム（IPD）　50
東西冷戦　102
鄧小平　7, 11
同方　20
徳信無線技術公司　167

【ナ行】

ナスダック　167
7国8制　35
748プロジェクト　105, 107, 110-111, 114
南京工学院　114, 118
南巡講話　7, 11
日系 ICT 企業　11
日本 IBM　140
日本電気（NEC Corporation）　83
入力法　111
ネットワーク　19
ノーテル・ネットワークス　152
ノートパソコン　99

【ハ行】

ハイアール　17
買収　17, 21
百度（バイドゥ）　v, 62, 67, 167, 173
パソコン　iv, 3, 7, 106, 160, 174
　——部門　157
発音による入力法　112
発展途上国　157
ハードウェア　6, 80, 106
パナソニック　139
汎用コンピュータ　82
非市場型技術移転　89, 157
ビジネス・ウィーク　162
ビジネス・モデル　v, 56, 73, 173
ビッグデータ　60
秘匿　89
ヒューレット・パッカード　82
華為（ファーウェイ）　ii, viii, 17, 29, 36, 40, 42,
　44, 107, 172-174
　——技術　ii
フォーチュン　i, 3
　——・グローバル 500　i
富士通　83
プラグマティズム　7
プラットフォーム　19, 47, 60
プラント輸出　115
ブリッジ SE　vi, 124, 131-140, 142-144
ブリティッシュ・テレコム（BT）　47
プログラマー　125
プログラム制御式交換　31
プログラム設計　116
プロジェクト・チーム方式　125
プロジェクト・マネージャー　131-132, 134, 140
プロダクト・ポートフォリオ　156
プロダクト・マネージャー　132
分業構造　124
分散化　14
北京大学　101, 118
　——数学力学学部　113
ベンチャー・キャピタリスト　56
ベンチャー・キャピタル（VC）　58, 68, 70, 173
方正集団　20, 107-110
方正レーザー写植機　107, 111

182 索　引

北大方正　113
ポータル・サイト　63-64, 71
鴻海（ホンハイ）　ii

【マ行】

馬雲（ジャック・マー）　69, 173
馬化騰（ポニー・マー）　66
マイクロソフト　50, 148, 152, 155, 160, 164
　　　——・アジアパシフィック研究開発グループ
　　　　161
　　　——中国研究開発センター　160
　　　——中国有限公司　160
孫請け企業　125
マザーボード　19
万潤南　109
三菱　167
メード・イン・チャイナ（中国製造）　157
モスクワ大学　116, 118
元請け企業　126
モトローラ　50, 167
モバイル・インターネット　60

【ヤ】

郵電部　32, 35
輸出　4
　　　——額　5, 9, 11, 38
輸入　8

【ラ行】

李開復　162
李彦宏　67-68
リーマンショック　i, 5
ルーセント　11, 166
レーザー写植機　109-110
レノボ　ii, 3-4, 16, 18, 24, 172-174
聯想漢字カード　107
聯想式漢字入力法　112, 114
聯想式入力法　112
聯想集団（レノボ・グループ）　ii, 105, 107-108,
　　　111, 114, 157
聯想ホールディングス　18
ロビン・リー　67

著者紹介

夏目　啓二（なつめ・けいじ）

1948 年　名古屋市生まれ
1979 年 3 月　立命館大学院経営学研究科博士課程単位取得
1994 年 4 月〜現在，龍谷大学経営学部教授
1997 年 3 月　博士（経営学）
1998 年 9 月〜1999 年 9 月　カリフォルニア大学デービス校客員研究員

単　　著　『21 世紀の ICT 多国籍企業』同文館，2014 年
　　　　　『アメリカの企業社会』八千代出版，2004 年
　　　　　『アメリカ IT 多国籍企業の経営戦略』ミネルヴァ書房，1999 年
　　　　　『現代アメリカ企業の経営戦略』ミネルヴァ書房，1994 年
編 著 書　『アジア ICT 企業の競争力』ミネルヴァ書房，2010 年
　　　　　『21 世紀の企業経営』日本評論社，2006 年
共編著書　『グローバリゼーションの経営学』ミネルヴァ書房，2009 年
　　　　　『テキスト多国籍企業』ミネルヴァ書房，2006 年
　　　　　『企業経営変革の新世紀』同文館，2002 年
　　　　　『競争と協調の技術戦略』ミネルヴァ書房，1999 年
　　　　　『地球時代の経営戦略』八千代出版，1997 年
　　　　　『経営管理論の歴史と思想』日本経済評論社，1992

陸　云江（りく・うんこう）

1970 年　中国江蘇省生まれ
2012 年 9 月　龍谷大学大学院経営学研究科博士課程単位取得
2013 年 3 月　博士（経営学）
現　　在　龍谷大学経営学部非常勤講師

主要業績　「中国 IT 産業における技術進歩と技術移転に関する方法的一試論」
　　　　　　（アジア経営学会編『アジア経営研究』第 14 号，2008 年 6 月）
　　　　　「パソコンでの中国語情報処理における技術進歩と技術移転」（龍谷
　　　　　　大学経営学会編『経営学論集』第 50 巻第 4 号，2011 年 3 月）
　　　　　「オフショア開発における日本から中国への技術移転」（日本比較経
　　　　　　営学会編『比較経営研究』第 36 号，2012 年 7 月）
　　　　　『中国 IT 産業における技術進歩と技術移転─「技術者を通じた技術
　　　　　　移転」の視点からの考察─』（龍谷大学博士学位申請論文，2013 年
　　　　　　3 月）

現代中国の ICT 多国籍企業

2017 年 2 月 28 日　第 1 版第 1 刷発行　　　　　　　　検印省略

著　者　　夏　目　啓　二
　　　　　　陸　　　云　江

発行者　　前　野　　隆

発行所　　東京都新宿区早稲田鶴巻町 533
　　　　　株式
　　　　　会社　文　眞　堂
　　　　　電　話 03（3202）8480
　　　　　FAX　03（3203）2638
　　　　　http://www.bunshin-do.co.jp
　　　　　郵便番号（162-0041）振替00120-2-96437

製作・モリモト印刷
©2017
定価はカバー裏に表示してあります
ISBN978-4-8309-4921-0　C3034